区域矿产资源产业演化机理及可持续发展研究

谢雄标 著

中国地质大学出版社有限责任公司
ZHONGGUO DIZHI DAXUE CHUBANSHE YOUXIAN ZEREN GONGSI

图书在版编目(CIP)数据

区域矿产资源产业演化机理及可持续发展研究/谢雄标著. —武汉:中国地质大学出版社有限责任公司,2013.12
ISBN 978-7-5625-3322-1

Ⅰ.①区…
Ⅱ.①谢…
Ⅲ.①区域资源-矿产资源-产业经济-研究-中国②区域资源-矿产资源-可持续性发展-研究-中国
Ⅳ.①F426.1

中国版本图书馆 CIP 数据核字(2013)第 308296 号

区域矿产资源产业演化机理及可持续发展研究　　谢雄标　著

责任编辑:陈 琪	选题策划:陈 琪	责任校对:戴 莹
出版发行:中国地质大学出版社有限责任公司(武汉市洪山区鲁磨路388号)		
电　　话:(027)67883511		邮政编码:430074
传　　真:67883580		E-mail:cbb @ cug.edu.cn
经　　销:全国新华书店		http://www.cugp.cug.edu.cn
开本:880 毫米×1 230 毫米 1/32		字数:200 千字　印张:6.125
版次:2013 年 12 月第 1 版		印次:2013 年 12 月第 1 次印刷
印刷:武汉教文印刷厂		
ISBN 978-7-5625-3322-1		定价:35.00 元

如有印装质量问题请与印刷厂联系调换

前　言

　　矿产资源产业是国民经济的重要组成部分，在社会经济中有重要的地位和作用。进入21世纪以来，中国经济已经进入重工业化主导的加速发展阶段，矿产资源产业成为国民经济重要的支柱性产业。然而，我国矿产资源产业在经历了过去几十年的粗放式发展后，现在存在一系列问题，如矿产资源储备不足、浪费严重、环境破坏严重、对区域经济长远发展的贡献不足，严重影响我国可持续发展战略的实现。党的"十七大"、"十八大"和我国"十二五"规划中，明确提出加快建设资源节约型、环境友好型社会，加强生态文明建设，走可持续发展之路。在这种背景下，研究矿产资源产业如何在保障国民经济建设需要的同时保护资源环境，促进区域经济的长远发展，具有重要的现实意义。

　　对与矿产资源产业发展的相关研究非常多。文献综合研究表明，国内外对矿产资源产业发展的相关研究多集中在矿产资源产业可持续发展的因素及对策和资源型城市的产业转型研究，但对矿产资源产业可持续发展的内在机理没有深入研究。本书认为矿产资源产业发展涉及到产业环境、产业组织、各微观主体行为，其类型复杂、种类繁多、分布各异，是一个复杂系统，其发展是一个动态的过程，分析矿产资源产业动态变化规律是探寻矿产资源产业转型升级路径和制定矿产资源发展政策的理论基础，因此，本书期望通过对矿产资源演化机制的研究，为我国及区域矿产资源产业的可持续发展提供新的理论视角。

本书借鉴演化经济学、进化生态学、系统科学、产业经济学、发展经济学、区域经济学等相关学科成果的基础，把矿产资源产业界定为一个由一系列相互关联的资源勘探、开采、冶炼及再利用活动的企业群体组成的复杂经济系统。结合我国矿产资源产业发展的实际情况，采用实证分析与规范分析相结合、定性研究与定量分析相结合及比较分析的方法，分析矿产资源产业演化动力机制与演化的路径，在此基础上分析了矿产资源产业可持续发展模式及实现机制，并以西部地区矿产资源产业为例进行了实例分析。

通过研究，本书提出了一些创新性的观念。如矿产资源产业是由相互作用的经济元组成的复杂经济系统，自组织机制是矿产资源产业持续发展的内在机制；矿产资源产业发展是在资源环境约束下产业技术进步与制度变革协同演进的过程，产业技术创新、制度创新与组织创新相互交织导致产业组织结构变迁，并显示出显著的阶段性，体现了矿产资源产业对相关产业、关键产业技术、相应的制度及相关组织依赖的动态性；矿产资源产业不会因资源耗竭而消失，只要建立内在的产业创新系统，不断发展产业相关技术，在产业技术不断升级的情况下，整个产业是可以不断升级、可持续发展的；矿产资源产业的演化是在外界环境的影响下，产业系统的微观主体适应性行为及企业间互动行为的结果，其发展受利益驱动机制和生态平衡机制的作用，政府要通过各种政策调整利益驱动机制和生态平衡机制的关系以引导企业行为,特别是企业的技术创新行为、资源环境保护行为,以保持产业系统的协调持续发展;矿产资源产业发展的理想模式是建立以技术创新为基础、以循环经济为形式,与生产服务业、高技术制造业联动发展的产业集群;矿产资源产业可持续发展需要建立相应的机制等。这些研究成果力求能为我国矿产资源产业发展相关政策和资源型企业转型升级提供理论依据。

由于时间和水平的限制,本研究还存在一些不足,主要是搜集的数据还不够充分,理论上如矿产资源产业演化阶段划分的标准及产业升级的时机判断、矿产资源产业演化的动力模型与过程模型的统一等问题也缺乏更深入的研究,恳请读者批评指正。

作　者
2013 年 10 月

目 录

第一章 绪 论 …………………………………………… (1)
第一节 研究背景及意义 ………………………………… (1)
第二节 矿产资源产业系统的界定与特征 ……………… (7)
一、相关概念 …………………………………………… (7)
二、矿产资源产业系统的结构与功能 ………………… (12)
三、矿产资源产业系统的特征 ………………………… (15)
第三节 国内外研究现状 ………………………………… (17)
一、国外研究现状 ……………………………………… (17)
二、国内研究现状 ……………………………………… (19)
三、研究趋势及不足 …………………………………… (26)
第四节 研究内容与研究方法 …………………………… (27)
一、研究内容与基本思路 ……………………………… (27)
二、研究方法 …………………………………………… (30)

第二章 矿产资源产业演化的理论基础 ………………… (32)
第一节 产业演化理论 …………………………………… (32)
一、产业演化研究的理论基础 ………………………… (32)
二、产业演化理论的基本假设 ………………………… (34)
三、产业演化过程 ……………………………………… (35)
四、产业演化机制 ……………………………………… (38)

五、产业演化理论在本研究中的应用 …………………………（43）
　第二节　其他相关理论 ……………………………………………（49）
　　　一、资源环境经济学 ………………………………………………（49）
　　　二、区域经济学 ……………………………………………………（51）
　　　三、可持续发展理论 ………………………………………………（52）

第三章　矿产资源产业演化的动力机制 ……………………………（55）
　第一节　矿产资源产业系统演化的内源因子分析 ………（55）
　　　一、矿产资源产业系统演化的内部因素 …………………………（55）
　　　二、矿产资源产业系统演化的内部关键因子分析 ……（57）
　　　三、矿产资源产业系统演化的内部关键因子的作用机制…（63）
　第二节　矿产资源产业系统演化的外源因子分析 ………（65）
　　　一、矿产资源产业系统演化的外部因素 …………………………（65）
　　　二、矿产资源产业系统演化的外部关键因素分析 ……（69）
　　　三、矿产资源产业外部环境关键因子的作用机制 ……（73）
　第三节　矿产资源产业系统演化动力协同机制 …………（74）
　　　一、矿产资源产业系统内外互动关系分析 …………………（74）
　　　二、矿产资源产业系统演化动力机制 ……………………………（76）

第四章　矿产资源产业演化的路径分析 ……………………………（78）
　第一节　传统矿产资源产业生命周期理论及缺陷 ………（78）
　　　一、传统矿产资源产业生命周期 …………………………………（78）
　　　二、传统矿产资源产业生命周期理论的缺陷 ……………（79）
　第二节　自组织机制下矿产资源产业生命周期 …………（81）
　　　一、矿产资源产业演化过程模型 …………………………………（81）
　　　二、矿产资源产业生命周期及特征 ………………………………（84）

第三节 矿产资源产业演化的路径选择 …………………… (88)
　一、矿产资源产业演化路径选择机制 …………………… (88)
　二、我国矿产资源产业发展的基本路径 ………………… (95)

第五章 矿产资源产业可持续发展模式及实现机制 ……… (101)
第一节 矿产资源产业可持续发展模式 …………………… (101)
　一、资源产业集群简述 …………………………………… (101)
　二、以技术创新为基础的矿产资源产业集群是必然选择
　　 …………………………………………………………… (102)
　三、创新型矿产资源产业集群的基本特征 ……………… (107)
第二节 矿产资源产业可持续发展模式的实现机制 …… (108)
　一、产业绿色技术创新机制 ……………………………… (108)
　二、产业共生机制 ………………………………………… (112)
　三、产业间联动机制 ……………………………………… (115)
　四、政府的作用机制 ……………………………………… (120)

第六章 西部地区矿产资源产业演化与可持续发展之实例
　　　 分析 ………………………………………………… (123)
第一节 西部地区矿产资源概况 …………………………… (123)
第二节 西部地区矿产资源产业演化轨迹 ………………… (128)
　一、西部地区矿产资源产业发展历程 …………………… (128)
　二、西部地区矿产资源产业演化时空分异规律 ………… (129)
第三节 西部地区矿产资源产业的现状及存在的问题 … (140)
　一、西部地区矿产资源产业现状 ………………………… (140)
　二、西部地区矿产资源产业存在的问题 ………………… (145)
第四节 西部地区矿产资源产业发展路径选择 …………… (149)

Ⅶ

一、西部地区矿产资源产业发展的目标和要求 ……… (149)
　　二、西部地区矿产资源产业发展的制约因素 ………… (152)
　　三、西部地区矿产资源产业可持续发展的路径选择… (154)
　第五节　西部地区矿产资源产业生态化发展的政策建议… (157)
第七章　总结与展望 ………………………………………… (162)
　第一节　主要研究工作和结论 ………………………… (162)
　　一、主要研究工作 ………………………………………… (162)
　　二、研究的主要结论 ……………………………………… (164)
　第二节　主要创新点及不足 …………………………… (166)
　　一、主要创新点 …………………………………………… (166)
　　二、研究的不足与展望 …………………………………… (167)
参考文献 …………………………………………………… (169)
后　记 ……………………………………………………… (184)

第一章 绪 论

第一节 研究背景及意义

矿产资源产业是国民经济的基础产业,为加工业、高新技术产业等各产业提供了最基本的物质基础,当今社会95%的能源和80%的工业原材料来源于矿产资源。矿产资源产业也是国民经济的重要组成部分,通过矿产资源的勘查、开发等生产活动创造了产值,上交税金,创造了大量的就业机会。矿产资源产业在社会经济中有重要的地位和作用。

马克思曾论述了自然资源(包括矿产资源)对经济增长的作用,他认为自然资源是剩余劳动得以产生的自然基础,自然资源及环境是提高劳动生产力进而是促进经济增长的五大要素之一,经济增长基础的劳动过程的简单三要素都与自然资源及环境有密切关系。加文·赖特和杰西·泽如斯在《矿产资源和经济发展》论文中通过对美国1879—1914年统计数据的分析指出,美国正是在矿产资源基础上发展国家经济力量的。David 和 Wight(1997)研究认为,在19世纪的下半段和20世纪的上半段时期,美国比其他国家更密集地开采矿产,而且这种开采的范围非常广,极大地促进了美国经济的增长。De Ferranti 等(2002)的研究发现,美国工业化的成功很大程度上要归于国家充分发挥了范围广大的矿产资源的作用。此外,Thorvaldur Gylfason(2001)发现,挪威因为管理了丰富的自然资源而实现了经济繁荣。随着经济增长和经济发展理论研究的不断深入,自然资源、资本、劳动力、技术、制度、信息都成为重要的生产要素,影响经济的增长和发展。尽管如此,自然资源对经济发展的约束也越来越大。

我国矿产资源丰富,截至2011年底已经发现的矿种有172个,其中页岩气为新发现矿种,探明储量的有160种,20多种矿的探明储量位居世界前列,其中锡矿、锑矿、钨矿与稀土矿等12种位居世界第一[①]。从探明的总储量来看,我国仅次于美国和俄罗斯,居世界第三位。依托丰富的矿产资源,我国已经形成了以采掘业和初级加工业为主的矿产资源产业,对我国经济和社会发展起着举足轻重的作用。进入21世纪以来,中国经济已经进入重工业化主导的加速发展阶段,矿产资源产业对GDP增长的贡献率保持在较高的水平(图1-1)。以2012年为例,我国主要矿产

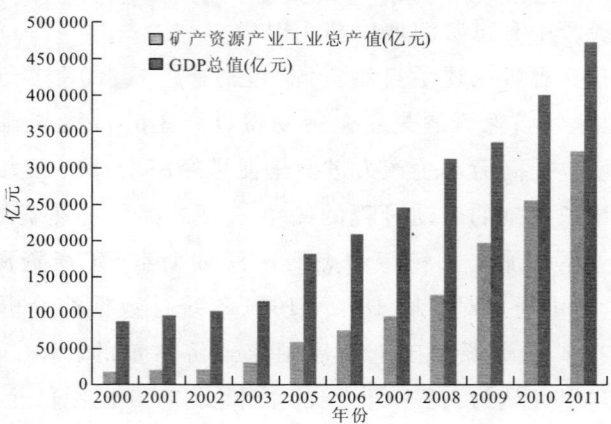

图1-1 我国矿产资源产业工业总产值占GDP总值的比例(2000—2011年)

资料来源:根据《中国工业经济统计年鉴》(2001—2012)整理计算。

① 人民网北京7月19日电(记者 刘然)http://news.chinageo.com/html/cngeo/wordgeo/20100808/47533.html.

品产量分别为：原煤36.5亿吨、原油20 747.8万吨、天然气1 072.2亿立方米、原盐6 215.8万吨、硫酸7 686.3万吨、烧碱2 696.1万吨、纯碱2 696.1万吨、农用化肥7 296万吨、乙烯1 486.8万吨、水泥221 000万吨、平板玻璃71 416.6万重量箱、生铁65 790.5万吨、粗钢71 716万吨、钢材95 317.6万吨。矿产资源工业各产业达到相当规模，2011年总产值达到322 956.3亿元，占当年GDP值的68.2%（表1-1），矿产资源产业成为国民经济重要的支柱性产业。

表1-1 2011年矿产资源产业规模以上企业工业总产值（单位：亿元）

矿产资源子产业	工业总产值
煤炭开采和洗选业	28 919.81
石油和天然气开采业	12 888.76
黑色金属矿采选业	7 904.3
有色金属矿采选业	5 034.68
非金属矿采选业	3 847.66
石油加工及炼焦业	36 889.17
化学原料及化学制品制造业	60 825.06
非金属矿物制品业	40 180.26
黑色金属冶炼及压延加工业	64 066.98
有色金属冶炼及压延加工业	35 906.82
金属制品业	23 350.81
煤气生产和供应业	3 142.03
合计	322 956.3

资料来源：《中国工业经济统计年鉴》（2012）。

然而,我国矿产资源产业在经历了过去几十年的粗放式发展后,现在矿产资源产业存在一系列问题,主要表现为:

(1)矿产资源储备不足。随着我国经济持续高速增长,对矿产资源的需求量也增长较快,已经出现了石油、铜、钾盐、铁矿石等矿产资源供给不足。据预测分析,到2020年我国短缺矿产资源将增至39种,矿产资源供需矛盾十分严峻(表1-2)。

(2)矿产资源浪费严重。我国矿产资源的特点是贫矿多、富矿少,共生矿多、单一矿少,如有色金属矿的85%以上是综合矿,铁矿约31%是共伴生矿。因技术、管理和装备等比较落后,矿产资源总回收率仅为30%~50%,总体上综合利用率约为20%。如有色金属矿产资源综合回收率为35%,黑色金属矿产资源的综合回收率仅为30%,比发达国家约低20%,能源利用率只有30%,能源消耗系数比发达国家高4~8倍。

表1-2 中国及世界主要矿产资源的静态保障程度

矿产			石油	煤炭	天然气	铁矿石	锰矿石	铬矿	铜矿	锌矿	铝土矿	钨矿	稀土矿	钾盐矿
静态保障年限	储产比	世界	43	228	64	141	100	257	27	24	189	87	1 012	327
		中国	15.3	113	44.2	48.3	23.3	18	32.1	14.3	32.1	31.9	324	242
	储消比	中国	11.6	113	44.2	39.2	21.6	4.1	12.5	19.1	30.5	62.2	1 135	14.5

注:世界储产比约等于储消比。

资料来源:王安建,王高尚.矿产资源与国家经济发展.地震出版社,2002。

(3)矿产资源开发导致的环境破坏严重。在矿产资源采选过程中,所产生的尾矿和"三废"造成了严重的环境污染和生态破坏(见表1-3)。有的地方由于矿床开采破坏植被,还诱发了泥石

第一章 绪 论

表 1-3 2011年矿产资源产业"三废"排放情况

行 业	工业废水排放总量（万吨）	工业固废物产生量（万吨）	工业废气排放量（万吨）
行业总计	2 129 036	306 133.1	674 509
煤炭开采和洗选业	143 493	34 987.6	2 039
石油和天然气开采业	8 172	124	1 342
黑色金属矿采选业	22 643	69 085	2 865
有色金属矿采选业	51 181	37 418.6	243
非金属矿采选业	6 191	3 736.6	613
其他采矿业	247	8.8	10
石油加工、炼焦及核燃料加工业	79 587	3 950.6	21 762
化学原料及化学制品制造业	288 331	26 547.7	31 205
非金属矿物制品业	26 075	5 949.5	129 851
黑色金属冶炼及压延加工业	121 037	42 344.2	173 215
有色金属冶炼及压延加工业	33 545	10 303.9	31 892
金属制品业	29 912	472.2	8 871
电力、热力的生产和供应业	158 928	61 060.6	202 906
燃气生产和供应业	989	68	261
矿产资源产业合计	970 331	296 057.3	607 075
矿产资源产业占行业总量的比例	45.6%	96.8%	90%

资料来源：《中国统计年鉴》(2012)。

流、滑坡等地质灾害。据统计，2011年我国因采矿活动发生崩塌、滑坡、泥石流、地面塌陷、地裂缝这五种地质灾害15 804多处；截至2010年底，我国采矿破坏土地面积累计已达4万平方千米；我国2011年矿业工业废水排放总量971 385万吨、工业固体废物产生量296 324.3万吨、工业废气排放量607 150万吨，分别占当年全国排放量的45.63%、96.8%、90%。

（4）对区域经济长远发展的贡献不足。从我国的总体发展历程来看，矿产资源支持了中国经济的高速增长，但随着时间的推移，这种支持作用逐渐减弱。一些矿产资源丰富的地区如山西、辽宁、黑龙江等地，经济增长率低于全国平均水平，存在所谓"资源的诅咒"，矿产资源产业的发展，通过资本转移渠道排挤制造业和技术产业，从而制约了这些地区经济的持续发展。

而中国经济还处于重工业化过程中，经济的高速增长仍然对能源、资源有着强大的需求。党的十六届三中全会从全局和战略的高度提出了"坚持以人为本，树立全面、协调、可持续的发展观，促进经济社会和人的全面发展"的科学发展观，十七大报告把节约资源、保护环境作为基本国策，十八大提出建设美丽中国。在这种背景下，研究矿产资源产业如何在保障国民经济建设需要的同时，保护资源环境，促进区域经济的长远发展，具有重要的现实意义。

对于资源问题的研究，必须在系统理论的指导下开展，而且一些学者也从系统角度开展研究，取得了显著成果，如魏一鸣、张雷、周德群、何建坤、田立新等。本书认为，矿产资源产业是一个由一系列相互关联的、进行资源勘探、开采、冶炼及再利用活动的企业群体组成的复杂经济系统，产业动态是一个由不同企业进行交互作用的结果；按照系统演化理论来分析产业动态变化规律是研究矿产资源产业发展问题的关键;只有明确了矿产资源产业发展的内在机理,我们才能更好地分析矿产资源产业状态并制定有效政策。而目前对矿产资源产业系统演化问题的研究较少,尤其是系统的理论和实证研究比较缺乏。

因此,本研究的理论价值在于:①系统研究矿产资源产业演化的过程、机制、产业升级和范式变革等矿产资源产业发展规律,研究成果能够丰富已有的演化经济学、产业经济学、区域经济学和可持续发展理论的基本内容;②为其他产业的发展机理研究提供参考借鉴。现实意义是:①为政府产业部门和决策机构制定和实施矿产资源产业政策和其他配套政策提供科学依据;②资源产业作为基础产业,延伸能力强,对资源型企业影响很大,明确资源产业发展规律,对资源型企业制定发展战略也具有重要意义。

第二节 矿产资源产业系统的界定与特征

一、相关概念

1. 矿产资源

矿产资源是指在地壳中或地表由地质作用形成的有用物质的富集体或堆积体,包括各种能源矿产、金属矿产和非金属矿产,也包括在采矿、选冶、加工等经济活动过程中生产形成的矿产品。

矿产资源除了有物质资源的共性外,还有其特殊性,这主要表现为:

(1)矿产资源的不可再生性。矿产资源是在千万年以至上亿年的漫长地质年代中形成的,相对于人类社会而言,矿产资源是不可再生的。矿产资源的不可再生性决定了矿产资源的稀缺性,因而矿产资源的经济利用、合理保护是矿产资源产业发展的重要问题。

(2)矿产资源的隐蔽性。矿产资源埋藏于地表下,决定了矿业活动必然以地质勘查工作为前提,也带来了矿产资源综合开发利用率的问题。

(3)地域性分布不均衡。由于地壳运动的不平衡,地球上各种岩石分布也是不均衡的。矿产资源分布的不均衡性,决定了矿产资源作为一种特殊资产在区域政治经济中显示出明显的竞争性。

(4)矿产资源的动态性。矿产资源是一个地质、技术、经济的三维动态概念,随着地质勘探工作的不断深入及科学技术的不断进步,人类对矿产资源开发利用的广度和深度会不断扩展。这一特点决定了矿产资源开发利用的可持续性。

矿产资源的分类见表1-4。

2.矿产资源产业

目前对矿产资源(型)产业的内涵和外延理解不一,由于我国未将其列入产业序列中,因此对其尚无统一的界定。从矿产资源的开发利用活动范围来说,对矿产资源产业的界定有三种:

第一种定义为,矿产资源产业是原料产业的基础,是开采以前的生产活动(保护、测绘、勘探等)的集合,如贾芝锡(1992)、李金昌(1995)、汝宜红(2001)等认为矿产资源产业是克拉克(C. G. Clark)的三次产业之外的"零"次产业或称前一产业,生产目的是为第一产业准备和积累劳动对象或劳动资料。

第二种定义为,矿产资源产业是矿产资源的开发、利用等资源经济活动的集合。按照我国国民经济统计的口径,矿产资源产业包括国民经济行业分类中的 B06—B10 和 C25、C31—C34(张米尔,2002;何苑,2007;王青云,2003)。

表 1-4　矿产资源常见分类简表

大类	亚类	矿种
能源矿产		煤、石油、天然气、油页岩、铀、钍
黑色金属矿产		铁、锰、铬、钒、钛
有色金属和贵金属矿产	有色金属	铜、铅、锌、铝、镍、钨、镁、钴、锡、铋、钼、汞
	贵金属	金、银、铂族（铂、钯、铱、铑、钌、锇）
稀有、稀土和分散元素矿产	稀有金属	铌、钽、铍、锂、锆、锶、铷、铯
	稀土金属	钪、镧、铈、镨、钕、钷、钐、铕、钆、铽、镝、钬、铒、铥、镱、镥、钇
	分散元素金属	锗、镓、铟、铊、铪、铼、镉、硒、碲
非金属矿产		主要为金刚石、石墨、自然硫、硫铁矿、水晶、刚玉、蓝晶石、夕线石、红柱石、硅灰石、钠硝石、滑石、石棉、云母、长石、石榴石、叶蜡石、透辉石、透闪石、蛭石、沸石、明矾石、芒硝、石膏、重晶石、毒重石、天然碱、方解石、冰洲石、菱镁矿、萤石、玛瑙、石灰岩、白垩、白云岩、石英岩、砂岩、天然石英砂、脉石英、硅藻土、页岩、高岭土、陶瓷土、耐火粘土、凹凸棒石、海泡石、伊利石、累托石、膨润土、辉长岩、大理岩、花岗岩、盐矿、钾盐、镁盐、碘、溴、砷、硼矿、磷矿等
地下水资源		地下水、地下热水、矿泉水

第三种定义为，矿产资源产业是矿产资源勘探、开发、利用、保护等一切资源经济活动的集合。按照我国国民经济统计的口径，矿产资源产业包括科学研究技术服务和地质勘查业（代码

M)、采矿业（代码 B）、部分制造业（代码 C）三大行业。

与矿产资源相关的经济活动是一个复杂系统，它包括矿产勘查、矿产采掘、矿产利用等一系列过程（图 1-2）。在这个过程系统中，起点是矿产资源地质勘查业，它以天然存在的矿床为劳动对象，查明矿床的存在、形状、品位与规模，而不改变矿产天然存在的自然状态。一旦要改变矿床的天然赋存状态并从中获取独立的物质产品，就进入到矿产资源的开发过程，即矿产采掘业，这个过程从第一次占有自然物转为第一次获取自然物开始，到生产出仍然具有完全自然性质的产品，或虽然经过初次加工但仍然保持原始性质的初级产品为止。当采矿业提供的原矿产品进一步发生物理性质或化学性质的变化时，其生产过程就转入工业生产过程，即矿产加工业，这个过程生产的产品已经完全没有天然的原始性质，而是纯粹的社会劳动加工产品。

本书认为，矿产资源是一种埋藏于地下的不可再生资源，具有稀缺性、隐蔽性，矿产资源的发现、开发、利用等相关技术经济活动构成矿产资源产业。因此，本书认同第三种定义，矿产资源

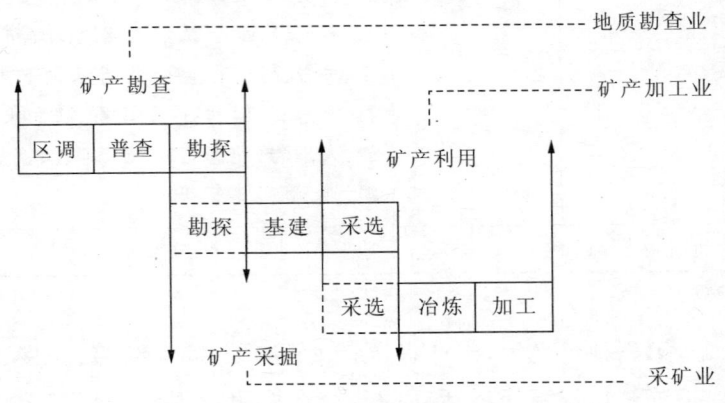

图 1-2　矿产资源开发过程

产业是矿产资源的勘查、开发,或以其初步加工的产品为劳动对象的一系列生产活动,为经济社会提供生产、生活消费等矿产品,是国民经济的重要组成部分。

根据《国民经济行业分类与代码(GB)》分类标准,矿产资源产业具体范围包括地勘、采矿及延伸产业,分别属于科学研究技术服务和地质勘查业(代码 M)、采矿业(代码 B)、制造业(代码 C)三大行业,见表 1-5。

表 1-5 矿产资源产业的范畴

产业	类别
地质勘查	矿产地质勘查
	基础地质勘查
	地质勘查技术服务
采矿业	煤炭开采和洗选业
	石油和天然气开采业
	黑色金属矿采选业
	有色金属矿采选业
	非金属矿采选业
	其他采矿业
制造业	石油加工及核燃料加工业
	化学原料及化学制品制造业
	非金属矿物制品业
	黑色金属冶炼及压延加工业
	有色金属冶炼及压延加工业
	金属制品业
	燃气生产和供应业

地勘业属于科学研究技术服务和地质勘查业(代码 M)大类,地质勘查业亚类(代码 78)又分矿产地质勘查(代码 781)、基础地质勘查(代码 782)、地质勘查技术服务(代码 783)。

采矿业划分为煤炭开采和洗选业、石油和天然气开采业、黑色金属矿采选业、有色金属矿采选业、非金属矿采选业、其他采矿业六个亚类。

制造业中包含非金属矿物制品业、燃气生产和供应业、石油加工及核燃料加工业、黑色金属冶炼及压延加工业、有色金属冶炼及压延加工业、金属制品业、化学原料及化学制品制造业七个亚类。

二、矿产资源产业系统的结构与功能

1. 矿产资源产业系统的结构

系统是由多个相互联系、相互作用的元素构成的整体。系统理论认为,系统是一切事物的存在方式之一。矿产资源产业作为产业经济系统的子系统,也具有系统所拥有的特征、功能及运动规律。矿产资源产业系统可以表示为如图 1-3 所示。

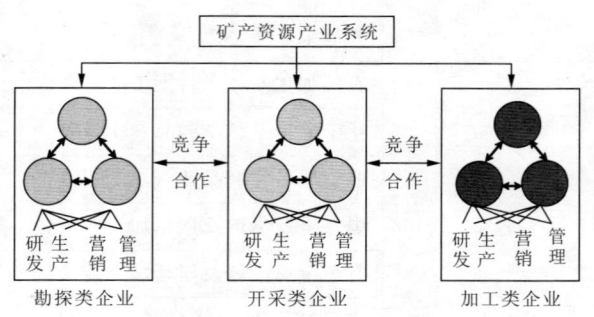

图 1-3 矿产资源产业系统结构

由于各种矿产资源在不同的地质条件下形成,有不同的赋存形态,开采和加工利用有不同的生产技术和工艺,因此,大多数矿产资源会形成不同的产业链。但不论是何矿种,都要经历勘探—开采—加工利用过程,都是上述三类企业技术经济活动的结果,同类企业和不同类企业之间在资源开发、市场争夺、市场开发、技术开发等方面进行着各种竞争与合作活动,形成了矿产资源产业复杂系统。可见,矿产资源产业由研究开发、生产制造、市场营销、管理四个子系统组成,其中,管理活动贯穿于产业各项活动,因此,矿产资源产业系统是由研究开发、生产制造、市场营销三个子系统相互作用构成的复杂系统,它的演化是各个子系统协同作用的结果。

2. 矿产资源产业系统的功能

系统功能是指系统内部各要素之间及系统与外部环境相互作用中表现出来的性质、能力和功效等,是反映系统内部相对稳定性、组织次序的外在表现形式。系统功能可以从系统内外进行分析。从要素及其结构出发对功能进行分析称为系统功能内部分析,从环境与系统的相互作用出发而对功能作出的分析称为系统的外部分析。系统功能有赖于一组具有不同功能、相对独立而又相互连接的功能子系统的支持。矿产资源产业系统的功能如图 1-4 所示。

科技系统功能:矿产资源勘探是一个探索未知的过程,矿产资源开发是在不确定性条件下进行的,需要相关企业开展科技活动,矿产资源的加工也需要科技进步。因此,矿产资源产业系统必须要有科技功能,通过开展科技活动,不断创新,推动矿产资源产业技术进步。

生产系统功能:矿产资源的勘探、开采与加工利用,都需要生

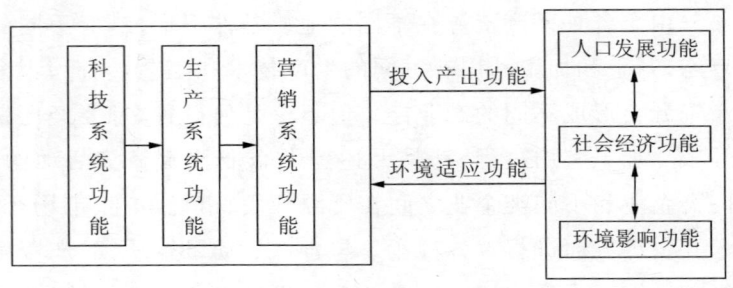

图 1-4 矿产资源产业系统功能

产活动,通过生产活动,完成产品实现。

营销系统功能:矿产资源产品价值是通过市场交换得以实现的,资源型企业通过开展营销活动,在满足相关企业需要的同时获得企业发展所需的各种要素。

人口发展功能:矿产资源产业的发展,自然也受到人口因素的影响,需要一定数量和质量的劳动力的投入,需要保持与人口数量匹配的承载力。

社会经济功能:矿产资源是国民经济建设的必需品和人们生活品的基础来源,矿产资源产业要给国民经济提供原材料,要带动相关产业发展,促进区域和国家经济发展。

环境影响功能:矿产资源的开发对自然环境会造成一定的影响,如地形地貌改变,产生废料、废渣、废水破坏环境等,矿产资源产业对环境的破坏影响了区域的可持续发展。

投入产出功能:矿产资源产业作为一个系统,不断吸收各种要素,并通过产业内企业的生产经营活动,为社会提供各种产品,创造就业机会,促进人口增长,促进社会经济发展并对生态环境造成影响。因此,矿产资源产业强调以尽可能少的投入,获得在保护生态环境条件下的社会经济最大化发展。

环境适应功能:矿产资源产业作为一个系统,在一定的环境中存在,并与外界环境发生着物质、能量和信息等交换,必须具有环境适应功能。

三、矿产资源产业系统的特征

1. 地域性特征

由于地质成矿条件不同,矿产分布具有明显的地域差异。我国东北区煤炭、石油等能源矿产和沉积变质铁矿及一些非金属矿产特别丰富;华北区铁、煤、铝土矿、石油、硫铁矿等资源丰富;东南区铜、铅锌、锡等有色金属矿产和磷等化学工业矿产丰富;西南区优势矿产有磷、硫、铝土矿、铅锌、锡、铜等,煤炭、铁矿也有较多储量,天然气丰富;西北区铜、镍、铅锌等有色金属,黄金、铂族贵金属和稀有、稀土矿产以及盐湖化学矿产资源都较为丰富。不同区域矿产资源组合条件的差异,及不同地区的自然、交通、工业基础、经济发展水平等差异,形成了不同区域各有特色、发展水平不同、产业布局不同的矿产资源产业体系。

2. 资源依赖性特征

矿产资源是矿产资源产业形成与发展的基础,矿产资源产业必须依托于一定的矿产资源储量。由于矿产资源属于不可再生资源,在一定时期内其储量是有限的,因此,从理论上讲,一个区域的矿产资源总有一天会耗竭,这决定了区域矿产资源产业的发展要考虑资源的保护和接续产业的培育。另外,由于矿产资源的有限性,矿产资源产业发展需要不断的技术创新,随着科学技术的发展,新资源发现速度加快,可替换资源越来越多,区域矿产资源产业才能延长生命周期,才有更多机会发展接续产业。

3. 自组织特征

自组织现象无论是在自然界还是在人类社会中都普遍存在。一个系统自组织功能越强,其保持和产生新功能的能力也就越强。矿产资源产业作为复杂经济系统,由各种行为主体构成,各行为主体通过竞争与合作,使矿产资源产业由无序走向有序,由低级有序走向高级有序,体现为矿产资源产业组织结构、产业规模、产业技术结构、产业产品结构的优化与升级。因此,矿产资源产业具有自组织性,自组织机制是矿产资源产业持续发展的内在机制。

4. 产业关联度较高的基础产业

矿产资源产业直接从自然界获取产品,为后续加工制造业提供原料和初级产品,是经济社会发展所必需的产业部门,是国民经济发展的基础。以石油工业、钢铁工业为例,石油工业包括石油采油业、石油运输业、石油加工业和石油零售业,钢铁工业包括铁矿采掘业、炼铁业、炼钢业以及钢压延加工和铁合金冶炼业,几乎覆盖了现代工业的所有门类,为经济发展提供了动力,为社会提供了众多的就业机会,是国家经济可持续发展的重要保障。

5. 属于资金、技术密集型产业

一般而言,矿产资源产业资金投入大、风险性高、投资回收周期长,使得该行业需要具有较多的资金、较高的技术。由于矿产资源的赋存隐蔽性、成分复杂性,矿产资源在勘探过程中投入很大,而且风险很高。在开采过程中,随着矿山储量的减少及耗竭,矿山也需要不断投入,以保持矿业企业的正常生产。

6. 具有较强的外部性

矿产资源产业在产生巨大的经济效益的同时,也会造成生态环境的破坏,其主要表现是矿山生产伴有大量固体、液体和气体废弃物,统称矿山"三废","三废"造成粉尘及酸雨污染、河流和湖泊等水体环境质量恶化。因此,矿产资源开发利用过程中的资源浪费、环境破坏具有较强的外部性,在矿产资源产业发展中进行环境保护非常重要。

第三节 国内外研究现状

一、国外研究现状

国外对矿产资源的研究主要集中于矿产资源产业对社会经济的影响、矿产资源产业发展的影响因素、可持续性及评价、发展对策等方面。主要研究成果如下:

(1)矿产资源产业对社会经济的影响。学者普遍认为矿产资源产业对环境会造成不利影响,Wellmer 和 Becker(2002)就指出采掘业破坏植被、污染环境;Ahnert 和 Borowski(2000)指出深海采矿会污染海水、影响底栖生物。矿产资源产业对经济发展有不同作用,20 世纪 60 年代以前,人们普遍对矿产资源在经济发展中的作用持肯定态度,Rodan(1961)认为矿产资源开发是经济增长的重要催化剂;60 年代以后,欧美部分老工业基地沦为"问题区域"及一些国家相继出现了"荷兰病"现象,Auty(1993)第一次提出了"资源诅咒"命题,即资源丰裕与经济增长之间存在反向关系。

(2)矿产资源产业可持续性。Mikesell(1994)将可持续发展理论运用于矿产资源,认为通过节省税收及每年再投入与矿产品年净收入现值等价的投资量来实现矿产资源的可持续性。Hilson(2006)强调矿业是可持续的,并建议富矿的贫困国家进行跨国矿业运作,同时分析了这种运作的功效。Azapagic(2004)构建了矿业可持续发展力指标体系,该体系包括经济、环境和社会三类子指标;Krajnc 等(2005)也基于经济、环境和社会三个方面构建了可持续发展综合指标 ICSD 模型,并提供运用 AHP 法计算 ICSD 的过程;Stefan 等(2008)模拟了欧洲自然资源可持续利用的情况,基于 MOSUS(欧洲可持续力结构调整的机会与不足模拟)建立了扩展型 GNFORS 模拟工具;Rupert 等(2011)从批判性的角度进一步得出可持续发展的实践及指标设置必须基于严密性、相关性、规范性和动态性四个核心视角。

(3)矿产资源产业发展的影响因素。Santos 和 Zaratan(1997)认为矿产资源的储备水平、价格、生产水平、利率是影响矿产资源产业发展的因素;Clark 等(1999)研究认为矿产资源可持续发展还涉及社会和文化问题;Hilson(2006)则认为矿业可持续发展问题可以分解为环境管理系统(EMS)、矿业企业的社会责任(CSR)、矿业生态(IE)等。

(4)资源型城镇产业转型与发展。Bowles 和 Roy(1992),Bradbury(1988,2002);Larsen(2004)提出了资源型城镇六阶段说,强调政府在资源型城镇产业转型中的重要作用,指出政府要制定财政援助、转岗培训策略,建立社区赔偿基金和专项保险机制,促进地区经济基础的多样化。

(5)矿产资源产业发展的对策。Below(1993),Santos 和 Zaratan(1997),Behrens 等(2007),Amankwah 等(2003)认为技术创新是关键,应通过定期监控矿产资源枯竭状况来强化决策者的社会责任心,通过生态财政改革、补贴制度等实现物质减少化,加强业内企业合作和与其他经济领域的合作,实施教育计划等。

以上表明,国外对矿产资源产业发展的相关研究多集中在矿产资源产业可持续发展的因素及对策和资源型城市的产业转型研究,对矿产资源可持续发展的实践作出了贡献,但对矿产资源产业可持续发展的内在机理没有开展研究。

二、国内研究现状

国内学者对矿产资源产业发展比较关注,我国学者在20世纪80年代就提出了"资源产业"概念。李金昌、仲志伟(1990)对资源产业概念进行了界定。成金华(1997)从适应市场经济体制的角度,从市场结构、资源产权、发展战略、管理体制等方面对资源产业发展相关问题做了较系统的研究。近年来,由于资源、环境问题日益引起社会的关注,对矿产资源产业发展的相关问题研究非常活跃,主要集中在矿产资源产业的贡献和问题、资源型城市产业转型研究、矿产资源可持续利用研究、矿产资源产业发展战略研究、区域矿产资源产业演化机制研究及相关政策等方面。具体研究情况如下。

1. 矿产资源产业存在的问题

由于矿产资源开发利用对资源、环境、经济会产生直接影响,矿产资源产业存在的问题分析主要从以下两方面进行:

一是矿产资源产业发展的资源环境问题。王志宏、肖兴田(2001)指出西部地区矿产资源产业粗放式发展,导致资源耗竭、环境恶化。国土资源部西部开发办调研组(2002)指出西部矿产资源产业结构不合理,秩序混乱,乱采滥挖、浪费资源、破坏环境现象比较普遍。贾若祥(2005)、张秀生(2008)指出,中部矿产资源产业也存在开采速度过快、矿产资源浪费严重、企业规模小、生产集中程度低、初级产品多、高附加值少、环境破坏严重等问题。江源(2012)指出,长期以来资源产业导致产业结构的不合理是矿产资源枯竭、城市衰退的根本原因。

二是矿产资源产业发展对地区经济可持续发展的影响问题。徐康宁、王剑(2006)以我国的省际面板数据为样本,对"资源诅咒"这一假说进行了实证检验,计量结果显示,我国多数省份具有的丰裕自然资源未成为经济发展的有利条件,反而制约了经济增长。张复明、景普秋(2008)通过山西省实证研究,认为山西省资源部门持续扩张,反工业化倾向明显,也存在"资源诅咒"现象。邵帅、齐中英(2008)通过1991—2006年的省际面板数据对西部地区能源开发与经济增长之间的相关性进行了计量检验和分析,研究结果表明:自进入20世纪90年代以来,西部地区能源开发确实带来了"资源诅咒"效应。此外,部分学者对我国区域"资源诅咒"现象成因进行了分析,如丁菊红、邓可斌(2007)认为,政府干预低效率与"资源之咒"现象是密切相关的,并利用地区面板数据进行了实证检验。胡援成、肖德勇(2007)通过模型的构建和运用面板数据回归分析,认为人力资本的投入水平是制约我国省际层面"资源诅咒"存在的关键因素。

2. 矿产资源可持续利用研究

由于矿产资源是矿产资源产业发展的前提,因而矿产资源合理开发利用是矿产资源产业可持续发展的重要保障,学者们从三个视角对矿产资源可持续开发利用进行了研究:

一是从矿产资源合理开发视角,对矿产资源综合利用进行评价研究。具有代表性的有:李学全等(1996)认为矿产资源综合开发利用评价是一个比较典型的多目标决策问题,提出并检验了一种灰色关联度线性加权的方法;关凤峻(1999)提出了考核矿山开发阶段的综合利用水平的评价方法体系;宋光兴等(2000)提出用熵技术及理想点法求解矿产资源综合开发利用评价多指标决策问题的方法;陈林、曹树刚(2005)对矿业多目标决策提出了博弈及最优化分析的方法。

二是从矿产资源高效利用视角,研究矿产资源综合利用的途径。李燕群、贾瑞强等(2006)从生产组织形式角度出发,认为循环经济是实现矿产资源综合利用的一条有效途径;董武斌、白俊等(2007)从生产过程的角度出发,认为工艺改造、选冶联合流程是解决矿产资源综合利用的有效途径;林依标、李祖阳(2007)从经济学角度出发,指出通过资源的重新配置和生产要素的重新组合能产生一个综合效益大于单个独立开采主体效益之和的新主体,能有效提高矿产资源利用率;魏晓平等(2008)认为合理开采次序很重要,并建立了矿产资源最优开采顺序决策模型;王震声(2006)指出延长矿区的产业链,发展替代产业,使资源型矿区产业向多元化方向发展,是矿区实现可持续发展的根本出路。

三是从系统工程出发,进行了矿产资源可持续发展评价研究。杨昌明、洪水峰(2001)提出了基于矿产资源可持续利用能力、矿产资源开发利用对环境的影响、矿业行业自身可持续发展的矿产资源可持续发展的评价体系;余敬等(2002)认为矿产资源可持续力(MRSP)是矿产资源禀赋和结构(MR)、经济发展水平(Ec)、社会发展和生活质量(S)、环境质量(En)、智力水平(I)以及以上五方面间协调力(C)的函数;骆正山(2005)认为矿产资源可持续开发综合水平评价体系包括资源开发利用水平、经济发展水平、社会发展水平、环境保护水平和智力支持水平等指标。

3. 资源型城市产业转型研究

由于矿产资源产业集中在资源富集区,且这些资源富集区多形成了资源型城市,因此,部分学者研究了资源型城市矿产资源产业的发展问题,主要体现为资源型城市产业转型研究。资源型城市的转型研究集中在资源型城市转型的模式、替代产业的选择、转型障碍、转型的政策等方面。钱勇(2005)分析若干典型国家资源型城市产业转型的实践,总结了资源型城市转型的三种模式:新产业替代模式、产业链延伸模式和复合模式;高峰、张建(2003)采用产业综合评价法和特尔斐法,构建了资源型城市接续主导产业的评价和选择方法;尹红炜、孟宪忠(2006)提出与判定工业化发展阶段、产业竞争力分析、产业发展趋势与结构调整效益分析、区位分析相结合的方法,并以东营为例演示了该方法的有效性;王军、马颖、王斌(2007)等运用因子分析法进行了资源型城市接续主导产业的评价方法研究,并提出了资源型城市接续主导产业选择评价指标体系;戈银庆(2004)认为资源型城市产业转型的障碍体现为区位障碍、体制障碍和观念障碍;刘玉劲等(2004)分析了我国资源型城市产业结构形成的演化机制,即深受计划经济体制下国家产业政策的影响,提出了资源型城市产业结构优化的基本思路;李伟、张克军(2006)指出基于企业间多样性的市场选择机制是产业转型的有效实施途径,也是政府产业政策发挥作用的必要基础,分析了产业转型过程中市场机制和政府作用的相互关系,以此为基础提出了以市场化改革推动产业转型的政策建议。学者们在产业转型理论和实践研究基础上,提出了相关对策,如加强矿业城市的整体规划、运用适度的产业调整援助政策、选择适当的支柱产业、加强科技队伍的建设、建立创新体系、深化市场化改革等。谢雄标、严良(2011)认为产业功能的转型必须以技术创新为基础,以循环经济为纽带,通过产业组织变化和价值创新来提高产业的效益。张永凯(2012)以西北地区资源型城市为研究对象,分析得出资源的耗竭性、产业结构单一、体制约束严重、生态环境恶化是产业转型的最大障碍,并将资源型城市产业转型的模式分为三大类,即成长期资源型城市、成熟期资源型城市、衰退期资源型城市。王开盛、杜跃平(2012)从资源禀赋、产业基础、产业生命周期、区位条件、人力资源、科技水平、资本水平、环境因素八个方面分析了资源型城市发展接续产业的影响因素。

4. 矿产资源产业发展战略及对策研究

矿产资源产业如何发展,研究者众多,如关凤峻(1999)提出了我国"二元结构"矿业经济发展模式,即以劳动力无限供给为前提,使矿业成为在关键环节高技术、高投资与在非关键环节劳动力替代资金和技术相结合的二元结构发展模式。朱训(2000)分析世界矿业发展的特点,明确提出我国矿业发展要按照《中国21世纪议程》和可持续发展战略的要求,走可持续发展之路,并指出实施中应处理的八大关系。张复明、景普秋(2008)从区域可持续发展视角,提出要打破原有的资源自循环机制和路径依赖,引入学习与创新活动,调整资源收益分配机制。胡小平(2002)在分析中国矿产资源产业定位的基础上,通过剖析其面临的形势和存在的主要问题,提出了中国矿产资源产业的政策目标应是保障矿产资源安全供应、提高矿产资源产业的素质和国际竞争力、实现资源环境协调发展。邓光君等(2004)从动态比较优势理论的角度进行研究,提出通过适当的政策导向来引导和激发产业动态比较优势的形成,加快矿产资源产业的结构调整,并将资源环境价值纳入国民经济核算体系。钱勇、赵静(2004)从促进资源型城市实现产业转型出发,提出了资源型城市的税收返还和增值税改革政策。张莉(2003)在对我国现行的资源政策进行了评析,并与其他发达国家的资源政策进行了比较的基础上,认为要从管理体制、政策体系、法律保障体系等方面提出具体的调控政策。方敏、刘玉霞(2004)等在原因分析基础上,提出要树立环保和合理利用资源、节约资源的意识,出台"矿用法"或"共伴生矿产资源综合利用法",加强国家宏观经济管理部门的综合协调管理,制定、完善综合利用优惠政策,不断创新、引进新的科学技术等。张复明(2011)指出推进资源型区域的可持续性发展需要围绕矿业收益的分配、调控与转化,建立矿产资源产权与收益分配机制、生态环境补偿机制、资源财富转化机制、绿色创新激励机制以及产业结构优化升级机制,通过制度创新、产业规制与政府监管等手段来实现可持续发展。朱媛媛(2012)根据经济学原理,提出解决矿业外部不经济的对策,即经济刺激型对策和命令控制型对策。

由于西部大开发战略和西部矿产资源产业对西部地区乃至全国社会经济的重大影响,学者们从资源、环境保护、资源条件、应对WTO挑战、产业梯度布局、矿产资源产业结构等方面,研究西部矿产资源产业的发展战略、发展模式、结构调整问题。研究指出西部矿产资源产业应定位于以发现、保护再生资源为目的产业(张伟,2008),西部地区要走绿色矿业之路,限量开发、适度发展,加强技术创新,构建区域创新体系,调整资源产业结构,加强产业链企业协作,加强国际合作及东西部合作,发展资源型产业集群(寿嘉华,2000;张雷,2002;孔祥智,等,2003;张殿发,2003;汪向阳,2003;秦志宏、郭晓川,2004;韩文科,等,2003;牛建英,2006;殷俐娟,2007;聂锐,等,2008;严良,等,2008;等等)。

5.矿产资源产业发展机制研究

对矿产资源产业发展机制的研究主要体现在矿产资源开发利用的协调机制和矿产资源产业演化机制两个方面:

一是静态视角的协调机制研究。都沁军(1999,2001)运用系统学观点,基于矿产资源可持续开发利用的实质和内涵,提出了矿产资源可持续开发利用系统的六大子系统结构模式;夏青等(2003)从复杂系统理论出发,结合西部矿产资源开发利用的复杂性、开放性、共生性,提出了建立西部矿产资源开发利用的协调发展模型和复合系统协调模型等发展思路;李毅等(2000)从矿区是一个REES系统出发,建立了评价矿区可持续发展的状态和发展程度的指标体系;李国蓉等(2004)基于矿区可持续发展系统(SPREE系统)的整体性,探讨并认为只有人口、经济、资源、社会和环境五个子系统之间协调才能达到系统整体协调。

二是动态视角的演化机制研究。王志宏、许可(2006)以耗散结构为理论依据,探讨资源产业链的演进机制,指出促进资源产业链发生耗散的动力机制是价值追求和消费需求。李俊莉(2006)运用自组织的方法论研究我国资源产业的演进,提出了资源产业系统自组织演进的内部条件、外部环境及动力机制,并提出了培育资源产业自组织能力、创造自组织环境的政策建议。张复明、景普秋(2007)在对产业演进与城市化发展的相关研究成果进行梳理的基础上,分析总结了资源型区域中心城市产业演进与城市化发展的基本规律,以太原为案例研究了不同发展阶段产业演进与城市化发展的特征和机制。谢雄标、严良(2007)按演化思路对西部矿产资源产业发展机理进行了初步探讨,分析了资源产业演化过程、演化的影响因素、演化的路径及西部地区资源产业发展障碍,并提出了西部矿产资源产业发展的政策建议。程宏伟等(2008)建立了以知识、资本、资源、生态共生关系为基础的资源产业链动态演化模型,以此构建资源产业链"四要素整合"机制,基于这个模型和机制来分析目前西部地区资源产业链的现状并提出西部矿产资源产业链有序演化的思路。郭颖等(2008)对黄磷产业演化进行了实证分析。

其中,张雷、田立新、陈文颖等研究了西部能源系统的建模问题。张雷(2006)应用工业生态学的观点对能源系统问题进行探讨,提出了能源生态系统的概念,对能源生态系统构成、空间结构和调控方法等几方面进行了研究。田立新等(2007)认为能源供需系统是一个复杂的非线性系统,研究了能源供需系统动力演化行为,从而提出西部能源开发经济系统可持续发展战略选择。陈文颖等(2007)以能源系统优化模型(MARKAL)为内核,耦合了能源服务需求预测模块、水资源需求模块、污染物排放模块以及内生技术学习模块,构建了西部可持续能源开发利用模型。

以上表明,我国学者对矿产资源产业发展问题高度关注,不同学者从不同视角进行了分析,对矿产资源产业发展有一定的指导作用,但由于研究的片面性导致这种指导作用并不强,使我国矿产资源产业的相关政策没有起到良好的效果。

三、研究趋势及不足

1. 矿产资源产业研究趋势

纵观矿产资源产业发展的国内外研究现状,发现矿产资源产业研究呈下列趋势:

(1)对矿产资源产业发展研究越来越注重系统理论的指导。矿产资源产业发展涉及到产业环境、产业组织、各微观主体行为,类型复杂、种类繁多、分布各异,必须把矿产资源产业作为一个复杂系统来研究。

(2)对矿产资源产业发展研究越来越重视演化规律的研究。矿产资源产业的发展是一个动态的过程,研究其发展必须要从动态视角研究其演化规律,按照系统演化理论来分析矿产资源产业动态变化规律具有重要的理论和现实意义。

(3)对矿产资源产业发展研究要强化实证研究。矿产资源产业发展机制研究现多停留在理论探讨上,而矿产资源产业发展研究最后要落实到相关政策,客观上要求研究者多开展实证研究,使矿产资源产业发展中相关政策的提出更有理论依据。

2. 当前研究存在的不足

(1)以区域矿产资源产业为研究对象的较少。资源型城市产业转型研究主要关注处于衰退期的资源型城市中资源产业的发展问题,矿产资源可持续利用研究对象是矿产资源而不是产业,对矿产资源产业研究较成熟的还在矿产资源产业环境变化的应对策略方面,而矿产资源产业发展机理的相关研究主要集中在能源供需系统、资源型城市系统,专门研究区域矿产资源产业系统的很少,导致矿产资源产业政策缺乏系统性和区域差异性。

(2)对矿产资源产业系统演化机制的研究还很不系统、不深入。虽然一些文献基于产业演化与创新理论对矿产资源产业的发展进行了分析,但研究还很不深入,忽视了矿产资源产业与生产服务业、高技术制造业的内在关系,忽视了关键组织、管理和制度环境建设等非技术性因素的作用,对影响矿产资源产业系统发展的关键因子、动力机制、演化过程等方面的问题还很不明确,且缺少实证研究。

第四节 研究内容与研究方法

一、研究内容与基本思路

本书借鉴演化经济学、进化生态学、系统科学、产业经济学、发展经济学、区域经济学等相关学科成果的基础,研究了我国矿产资源产业演化动机机制,并构建了矿产资源产业演化的动力模型;论证了矿产资源产业可持续性,修正了矿产资源产业生命周期理论,分析了矿产资源产业在每一发展时间段的基本特征,并提出了矿产资源产业的演化路径;提出并论证了我国矿产资源产业可持续发展模式,并分析了矿产资源产业可持续发展的内在机制;结合西部地区矿产资源产业进行实例分析,分析了西部矿产资源产业演化的特征、现状及存在的问题、产业升级的路径选择,并对相关政策提出了建议。全书共分六个章节开展研究:

第一章是绪论,主要介绍本书的选题背景和意义,界定研究对象并分析矿产资源产业系统的结构、功能及特征,对相关文献综述以及阐述研究的思路方法、本书的结构安排。

第二章是矿产资源产业演化的理论基础。重点对产业演化理论进行了述评,此外,对资源环境经济学、可持续发展理论、区域经济学等相关理论进行了述评,并阐述了这些理论在矿产资源产业演化研究中的应用。

第三章是矿产资源产业演化的动力机制。分析了矿产资源产业演化的内外影响因素,并通过哈肯模型论证了我国矿产资源产业系统内部关键因素是科技创新,通过 DEMATEL 结构模型解析方法论证了我国矿产资源产业系统外部关键因素是相关政策,并进一步分析了科技创新、相关政策对矿产资源产业演化的作用机制,在此基础上,构建了矿产资源产业演化的动力机制的图形模型。

第四章是矿产资源产业演化的路径分析。首先对传统矿产资源产业生命周期理论进行了分析,在此基础上论证了技术创新下矿产资源产业的可持续性,并以产业技术空间距离这一概念对一定技术条件下矿产资源产业发展的四个阶段特征进行了分析。

此外,对矿产资源产业路径的选择机制进行了分析,并提出了我国矿产资源产业演化的几种路径。

第五章是矿产资源产业可持续发展模式及实现机制。论述了建立以技术创新为基础、以循环经济为形式,生产服务业、高技术制造业联动发展的产业集群是矿产资源产业可持续发展的模式,并对矿产资源产业可持续发展的机制进行了分析。

第六章是对西部地区矿产资源产业进行实例分析。通过搜集的统计数据,分析了西部地区矿产资源产业演化特征,论述了西部欠发达地区矿产资源产业发展是属于比较典型的政策驱动型发展;分析了西部地区矿产资源产业现状及存在的问题;提出了西部矿产资源产业发展的路径选择及相关的政策建议。

本书研究的技术路线如图1-5所示。

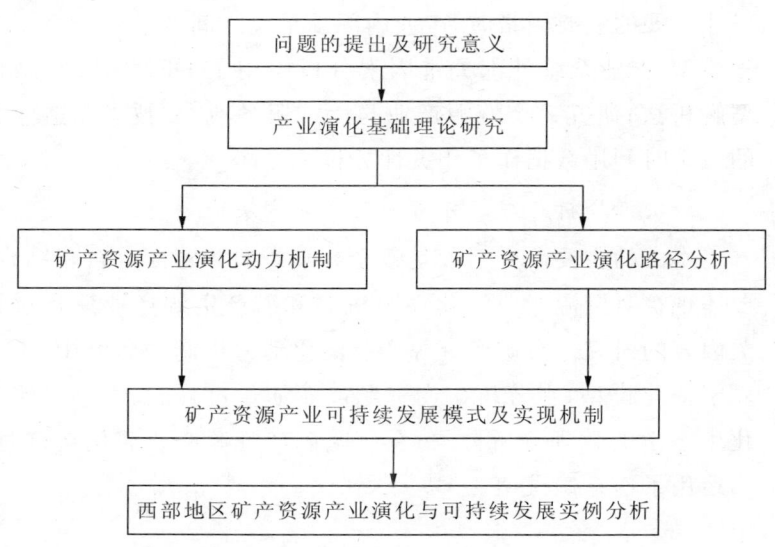

图1-5 技术路线

二、研究方法

由于矿产资源勘探主要由国家投资,市场化程度不高,因此,本书在后面的研究中主要以矿产资源采选业和矿产品加工制造业为主来分析整个产业的演化规律。在研究过程中具体使用方法如下。

1. 定性分析与定量分析相结合的方法

笔者在研究过程中采用定性研究的方法来分析一些不易被量化的问题,而对绝大多数问题以定量的方法进行处理和分析。具体来说,本书采用的定量方法主要是时间序列分析、相关性分析、哈肯模型、DEMATEL结构模型解析法等。研究资源产业的演化规律,使用了时间序列分析的方法;寻找影响西部矿产资源产业发展的主要因素时,产业内部子系统之间的关系研究用了哈肯模型,产业系统外部关键因素分析中用了 DEMATEL 结构模型解析法;研究矿产资源产业与生产服务业、高技术制造业之间的关系时利用数据作了相关性分析。

2. 实证分析与规范分析相结合的方法

本书的主要研究手段是建立数学模型和实证分析相结合,主要体现在对资源产业演化动力机制和矿产资源产业演化过程相关内容的研究。在矿产资源产业演化动力机制的研究中,本书建立了演化模型;在分析矿产资源产业演化过程时,本书借鉴了进化生态学的数理分析方法;在研究矿产资源产业演化轨迹时,本书运用了信息熵模型。

3. 比较分析的方法

在对西部地区矿产资源产业演化实例分析中,笔者对矿产资源产业各子产业、各省区矿产资源的演化轨迹进行了比较分析。此外,对西部地区与东中部地区的自然社会经济条件进行了比较分析,以更好地说明西部矿产资源产业演化的特征及背景。

第二章 矿产资源产业演化的理论基础

矿产资源产业在国民经济中是一种特别的产业,研究其演化规律需要根据其特性进行多学科交叉研究。本章拟系统梳理矿产资源产业演化相关的理论和方法。在理论的梳理中,重点对产业演化理论进行了述评,同时对矿产资源产业演化与发展相关的资源环境经济学、可持续发展理论、区域经济学等进行了阐述。

第一节 产业演化理论

一、产业演化研究的理论基础

1. 达尔文生物进化论

1859年达尔文出版了震动当时学术界的《物种起源》,提出了生物进化论学说,认为生物是在遗传、变异、生存斗争和自然选择中,由简单到复杂,由低等到高等,不断发展变化的。随着自然科学与社会科学日益渗透,生物进化论的思想也给经济学研究以极大启示,现在理论界普遍认为经济系统犹如生物系统,是一个不断演化的系统,它在外部环境变化和内部结构调整的交互作用中,随着时间的推移不断演变进化。

演化经济学的奠基人凡勃伦与现代开拓者Nelson和Winter把达尔文主义作为其类比和隐喻的基础,把达尔文主义的时间不可逆、个体群思考和不确定性等观点引入到社会经济系统的演化分析中,演化经济学家认为达尔文主义为演化经济学提供了基本的分析框架,社会经济演化的完整分析框架也是由三种机制所构成的:遗传、变异和选择。目前,经济学家对达尔文进化论在认识上有重大进展,认为达尔文主义对解决演化的解释并非仅仅是类比关系,其本体论意义更为重要。因此,尽管由于人类经济活动的特定因素导致的社会经济演化远比生物演化更为复杂,但由于产业演化与生物进化之间的基本相似性,借鉴生物进化论的部分理论和方法,结合产业经济系统本身的实际及其特点来研究产业的发展规律还是具有重要意义的。

2. 复杂系统理论

复杂系统理论是以探讨一般的演化动力学规律为目的,以系统的整体行为为主要研究目标和描述对象,以主体(Agent)及其相互作用来描述系统动力学行为的科学。在复杂系统理论中,自组织理论和复杂适应系统理论对于产业演化研究有重要指导意义。1977年,耗散结构理论的创始人普里高津最早准确地提出和使用了"自组织"(Self-Organization)的概念,并且用这个概念描述了那些自发出现或形成有序结构的过程。协同学理论创始人哈肯进一步定义了自组织,认为自组织是在没有外界特定干涉下,一个体系获得空间的、时间的或功能的结构的自然过程。自组织理论现已形成完整的理论体系,耗散结构理论为自组织的形成提供了条件方法论;协同学理论为自组织的形成提供了动力学方法论;突变理论为自组织的形成提供了演化途径方法论;超循环理论为自组织的形成提供了结合方法论。1994年,霍兰(Holland)教授提出复杂适应系统(CAS),CAS理论认为组成系统的成员是具有适应性的主体(Adaptive Agents)。

产业是一个复杂经济系统,产业动态是由不同的具有自适应性的产业主体在微观层次上进行交互作用的结果,它实际上是一个微观机制作用下的宏观现象涌现,是企业和产业共同演化的过程。因此,复杂系统理论和方法对于研究产业发展的内外环境要素、内在作用机制具有重要意义,是研究产业演化的重要理论基础。

二、产业演化理论的基本假设

1. 产业是一个复杂经济系统

产业是一个由一系列相互关联的企业群体组成的复杂经济系统,一方面它的主要子系统具有多层次、多级别、多类型、多区域的复杂结构,另一方面各子系统之间具有相互关联、相互制约、相互作用的关系。因此,产业是一个变量多、机制复杂、不确定因素作用显著的特殊复杂系统,并具有自组织特性,表现在:①适应性。所谓适应性是指产业主体能够通过规则与环境以及其他主体进行交流,在这种交流过程中"学习"或"积累经验",并且根据学到的经验改变自身的结构和行为规则。②开放性。开放性是系统出现有序结构的必要条件,产业与环境有着密切的联系,产业发展实质上是一个不断与外界环境交换物质、能量、信息,从而保持系统由低级有序形态向高级有序形态演变的过程,产业发展要有一个开发性环境。③非平衡性。只有在远离平衡时,系统才能不断与环境交换物质和能量。产业内部的企业的生产规模、生产能力、反应能力都有很大差别,加上外部环境因素的影响,尤其是技术变革的破坏,使得产业处于一种非平衡状态。④非线性特征。所谓非线性是指系统内存在着各种形式的正反馈和负反馈,非线性作用是系统形成有序结构的内部原因。由于产业内部企业在规模、产品和企业相互关系等方面存在差异,导致各企业之间的作用是非线性的,产业从无序到有序状态的转变过程是正负反馈机制综合作用的结果。

2. 企业行为的进化理性

产业演化研究的方法论是进化理性主义,认为个人的理性是十分有限和不完全的,并且是处于进化中的。Hayek(1945)从知识视角认为,知识具有时空性、局限性和分散性等特征,因而人们总是存在无知,知识的积累总是在不断试错过程中进化而来。行为经济学发现"认知偏差"、"偏好逆转"和"锚固效应"等现象,认为个体理性是依赖于具体的经验场景的(Kahneman & Tversky,1979;Kahneman & Frederick,2002);经济社会学研究认为,个体的行为理性是内嵌于文化、历史、政治和意识形态等社会传统中的(刘少杰,2005);实验经济学也论证了个体理性的进化。进化理性主义认为:①企业是异质性的,企业知识和能力是存在差异的;②知识是主观和不确定的,企业现有的知识、技术、能力等都是不确定的;③企业的组织建构必须依据进化理性主义的原则,为应对无知留有位置,这就要求企业必须建立应对不确定性的学习和创新机制;④社会互动是知识积累的重要渠道;⑤企业总是在其特定的认知状态下权衡短期的竞争力和长期的适应性。

三、产业演化过程

系统演化一般都表现出阶段性,产业演化过程也具有阶段性特征。大量实证研究表明,单一产业在演化过程中经历着三个方面的变化:在产业规模方面,市场需求、产出、投资规模以及存量资产增长先缓慢后快速再缓慢;在产业技术方面,技术逐渐成熟,质量不断提高,产品先逐渐多样化差别化而后再度无差异化;在产业组织方面,进入壁垒由低到高,厂商数目先增加后减少再趋于稳定,市场结构先分散后集中,产业利润先提高后降低。产业演化阶段研究集中体现为产业生命周期理论。

产业生命周期理论认为,产业的演化过程包括四个阶段:形成期、成长期、成熟期、衰退期。当产业处于形成期时,企业数目小,企业的学习能力较低,产值规模小,产业的进入壁垒不高;当产业处于成长期时,产业的多样性增强,企业间处于创新竞赛中,产业的主导创新技术尚未被选择出来,产业充满机会,产业的企业数量将剧增,较之于形成期,产业企业的模仿能力和创新能力也提高了;当产业处于成熟期时,产业技术越来越接近技术空间边界,产业也从企业间的创新竞争中选择出主导的创新技术,企业创新潜力下降,而模仿潜力上升,较之于成长期,产业发展依赖于产业中少数主导型企业,产业竞争激烈,进入壁垒高;而到了衰退期时,产业技术落后,需求萎缩,产出减小,企业数目减少(黄凯南,2007)。有关研究表明,产业演化过程呈现 S 形曲线,且通过我国若干产业实证研究显示,产业演化过程基本上遵循逻辑斯蒂(Logistic)曲线(叶金国,等,2004;靳明,2006;周敏、杨晓平,2009)。产业演化过程如图 2-1 所示,其中:$a—b$ 段为形成期,$b—c$ 段为成长期,$c—d$ 段为成熟期,$d—e$ 段及以后为衰退期。e 点是演化的分岔点,在不同情形下有不同的结果,若有重大技术创新,则产业进入新的周期;若不断有技术创新,则产业不断发展,如图 2-2 所示。

在产业生命周期理论中,K-G 产业生命周期理论较为成熟。Klepper 和 Gort(1982)首次采用产业内厂商数目的变化对产业演进进行了阶段定位,他们考察了 46 个产业每年的厂商净进入率,并据此将产业生命周期划分为引入、大量进入、稳定、淘汰和成熟五个阶段。1990 年,Klepper 和 Graddy 对该方法进行了修

第二章 矿产资源产业演化的理论基础

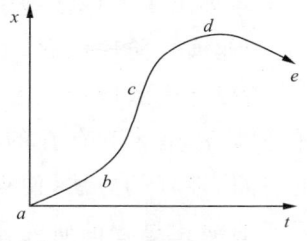

图 2-1 产业演化阶段

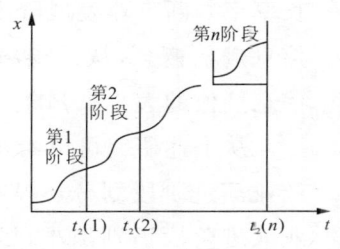

图 2-2 产业生态曲线

正,他们鉴于短期内厂商数量存在的波动性,采用了 5 年和 10 年移动平均法,此外,他们以厂商数量增长率出现下降作为产业开始进入成熟阶段的标志,并以厂商绝对数量出现下降作为产业成熟阶段结束的标志,将产业生命周期重新划分为成长、淘汰和稳定三个阶段。1996 年,Klepper 进一步建议结合创新活动程度进行产业演进阶段划分和判定。此外,还有大量的产业生命周期理论研究,这里不再赘述。

产业生命周期阶段的划分研究目前尚未统一。一般产业生命周期阶段从产业技术、产业组织、产业规模几个方面来划分,由于产业技术很难量化,产业演化阶段的划分一般以产业组织和产业规模为依据来进行(陈艳莹、叶良柱,2009)。其中,国外研究主要从产业组织视角识别产业演进阶段,如较为成熟的 K-G 产业生命周期理论采用产业内厂商数目的变化对产业演进阶段定位。而国内研究由于样本数据的限制和我国产业演进的特殊性,则主要从产业规模视角识别产业演进阶段,如范从来、袁静(2002)利用了产出增长率法对 1987—2000 年上市公司所处的各行业进行了阶段识别;古松、刘占霞(2006)结合普及率分析了我国"十五"电信业所处的发展阶段;向吉英(2007)用产业收入(或销售量)增长率来判断产业发展阶段。此外,还有学者如王子龙(2007)引入信息熵的概念,从系统演化视角来研究产业演化阶段问题,通过信息熵值的大小来判断产业在发展某一阶段的大致位置。

从上述研究可以看出,产业演进的阶段性是客观存在的,但产业演进阶段划分还没有形成统一的、操作性强的方法,使得产业演进阶段识别困难,尽管如此,上述产业演化过程的研究还是能够较好地描述产业演进的阶段性,对于产业政策的制定具有很好的指导意义。

四、产业演化机制

产业演化机制研究的目的在于探寻产业演化的影响因素、这些因素之间的关系及这些因素如何推动产业系统朝一定方向演化。产业演化机制主要包括产业演化动力机制和产业演化路径选择机制。

1. 产业演化动力机制

一些学者研究了产业演化的影响因素,研究认为,产业演化的影响因素很多,主要包括技术、制度、企业家、需求、供给、基础设施等因素。熊彼特(1912)认为创新是经济变化过程的实质,创新促进了产业发展、结构转变和动态竞争,企业家和技术创新在"创造性毁灭过程"中发挥着核心作用;Mascarenhas(1995)认为专业化是新产业产生和老产业再造的关键性影响因素;Folster 和 Trofimov(1997)认为 R&D 外在性是产业生成的主导因素;Wiser 和 Poter(1999)等人对美国若干州的风电产业的实证研究显示州政府支持可重复利用能源的政策是风电产业发展的主要原因;Mezias 和 Kuperman(2000)对 1895—1929 年美国电影产业发展的实证研究表明,企业家的集体形成过程是一个产业生成与发展的最重要影响因素;Chapman(2000)分析世界化肥产业发展,指出产业技术的扩散是产业发展的关键。万迪昉等(2001)从创新体系构建的角度研究指出制度、组织创新和技术创新共同构成产业发展的创新体系;陆国庆(2002)认为,需求、人口、政策、制度、分工、技术以及供给等因素相互作用,共同构成产业演化的系统动力;厉无畏、王慧敏(2002)认为新兴产业的形成既有产业自身发展的内在规律的驱动,也有具有时代特征的科技创新、全球化竞争等外部因素的催生,同时还有国家和地区产业政策的引导和推动;芮明杰等(2005)以美国音乐产业为研究对象,运用历史研究与多种研究方法,从产业与企业两个层面对信息技术冲击下的音乐产业变革过程作了较为深入的分析,认为信息技术是音乐产业演化的关键因素;王维刚(2007)对中国医药产业成长实证研究表明,资本、劳动和技术等要素构成中国医药产业成长的源泉,其中,资本对中国医药产业增长具有更为重要的意义。此外,中国医药产业主体的形成及环境中的经济、人口、政策和区域变量,在一定意义上决定中国医药产业成长的特征。

一些学者从因素之间的关系出发研究了产业演化动力机制。Volberda 和 Lewin(2003)依据不同的适应程度和选择程度以及高层管理者或企业家在演化中的作用,探讨了企业内不同变异模式和选择模式对企业及产业演化的影响。陆国庆(2002)认为影响产业演进的主要因素有需求、供给、分工和技术,这四个因素相互作用、良性循环,共同推动产业演化,其中,需求是产业演进的主要动力源,技术是产业演进的催化剂。隋广军、万俊毅、苏启林(2004)提出产业生成动力因素的圈层分布模型,即从核心层、支持层到辅助层的因素布阵图,在该模型中,核心层为企业面因素,包括企业家能力、企业资本量、企业顾客网络和企业社会网络;支持层为政府、市场和技术三大动力因素；辅助层为自然环境、人文环境和基础设施等动力因素，这些因素相辅相成，共同作用，驱动着产业发展。陆瑾(2005)认为产业演化的动力机制是创新和学习，并指出价值创新是产业演化的新的动力，网络学习是促进产业演化的新的学习形式。盛昭瀚、高洁(2007)建立了"新熊彼特"式的产业演化模型，分析产业内各个企业的投资决策、R&D策略、技术创新以及产业特征的其他方面之间的相互作用及产业竞争动态。黄凯南(2007)在对Volberda和Lewin及相关学者的研究总结的基础上，归纳出演化的四种动力机制，即幼稚选择动力机制、管理选择动力机制、管理层驱动动力机制、集体理解动力机制。张耀辉、牛卫平(2007)通过观察和对比中外短信产业的发展，认为中国的短信与通话价格之间的较大差异、中国巨大的人口基数所产生的快速网络效应、强有力的"用中学"效应和向快速增长的短信业务靠拢的相关产业技术创新等都是中国短信产业发展的重要原因，产业环境、产业技术及产业发展构成一个相互支撑的动态发展体系。靖继鹏等(2008)基于演化经济学和复杂适应系统理论建立了信息产业演化模型，分析了由不同企业组成并有新企业随机进入的信息产业竞争动态，认为信息产业演化是信息产业内各企业投资、技术、创新、市场需求等相互作用的结果。程宏伟等(2008)从产业链视角对资源产业演进进行了研究，认为资源是资源产业的基础要素，知识、资本是驱动要素，生态是制约要素，并通过对实体的抽象，建立了以知识、资本、资源、生态共生关系为基础的资源产业链动态演化模型。这些研究主要还从技术创新和扩散对产业演化的影响思路来开展的。

一些学者从企业间的关系出发研究产业演化的动力机制，认为多样化个体是产业演进的前提，多样化个体的竞争与合作等协同交互作用能促进产业系统有序结构的形成,竞争与合作是产业系统演化的动力源。竞争是系统间或系统内各要素及各子系统之间相互争胜,力图取得支配地位的活动与过程;协同是系统中相同或不同种类的要素或子系统的联合、合作、协调的行为,它强调系统内部的关联及系统发生变化时要素或子系统间的互相配合与耦合。哈肯认为,系统内部各子系统之间的竞争是系统演化最活跃的动力,竞争是协同的基本前提和条件;许多子系统的联合作用,便产生宏观上的结构和功能。系统内部各子系统之间的竞争与协同,一方面创造了系统远离平衡态的自组织演化的内在条件;另一方面推动了系统向有序结构演化。产业作为经济系统,也是在企业之间的竞争与合作下发展的,主要体现为企业之间的竞争关系和共生关系。向吉英(2005)认为产业成长的内源动力机制是企业的竞争与协作。

可见,影响产业演化的因素很多,主要包括技术、制度、需求、供给、企业家等,总体上,产业演化动力机制从宏观上可以描述为技术创新和制度创新共同演化机制(Murmann,2003;纳尔逊,2005;Pelikan,2003),从微观上可以描述为企业间在生产要素、科技创新、市场开发等方面的竞争与合作机制。简言之,产业演化动力是基于竞争与协同的自组织机制和基于环境适宜的他组织机制的共同作用。

2.产业演化路径选择机制

产业演化过程总体上呈现周期性特征,但是产业演化过程中有不同的路径,原因在于产业演化有其内在的路径选择机制。

首先,产业技术创新的方向影响产业演化路径。产业演化路径的影响因素很多,总体上而言,影响产业演化路径的外部环境因素有市场、制度和知识三个方面(陆瑾,2005),影响产业演化路径的内在因素是产业技术创新。纳尔逊和温特(1982)指出产业演化的过程不仅受到企业进入、退出的影响,而且与企业的创新行为直接有关。产业演化的路径集中体现在产业技术及技术组合上,而技术创新方向受市场、制度、知识的影响,正是技术、市场、制度和知识之间的互动,推动了产业的不断发展,同时也决定了产业演化的路径。

其次,产业技术创新扩散成败也影响产业演化路径。某企业通过变异或新奇创生机制产生新技术,并将其运用到生产活动中,若企业经营失败,则创新就可能被扼杀在摇篮之中;若获得成功,由于自增强的作用,会产生很好的示范效应、技术溢出效应和先期市场开发效应。其他企业在预期高利润的驱使下,通过模仿创新进入到这个领域,形成新的产业组织结构。

第三,产业演化路径具有路径依赖特性。路径依赖是指人类社会中的技术演进或制度变迁均有类似于物理学中的惯性,即一旦进入某一路径就可能对这种路径产生依赖。保罗(1994)认为在正反馈机制作用下,随机的非线性系统可能会受到某种偶然事件的影响,而沿着一条固定的轨迹或路径演化下去,简言之,路径依赖是指系统某一时期的演化方向受到上一时期的演化轨迹的影响。产业演化过程中,技术创新、制度创新都表现出明显的路径依赖特征。

由上可以看出,生物系统演化的变异、遗传与选择机制既是产业演化的动力机制,更是产业演化路径选择机制,产业技术创新是路径的决定因素,路径依赖是演化的重要特性。正如Loasby(2001)所认为的,在经济演化过程中,时间、知识和演化轨迹是交织在一起的,它们共同决定了系统演化的方向和速度。

五、产业演化理论在本研究中的应用

矿产资源产业演化研究在下列基本框架内进行,即从研究企业的微观行为入手,研究在一定环境下企业的行为反映,从而导致产业的宏观涌现;从产业内部要素和外部环境因素出发,分析内外因素的互动关系;还要从复杂系统演化的内在和外在作用机制关系来研究二者的协同。具体内容如下:

1. 企业与产业的协同演化

产业是由生产同类产品的企业通过竞争和合作互动形成的,它构成了企业的学习环境和选择环境,影响着企业的演化路径;企业是产业构成的基本单元,企业的行为及互动过程是产业动态的微观基础,企业演化在改变其所处的产业环境的同时也促进了产业的演化。产业经济系统演化的"创新"、"模仿"和"选择"机制同时发生在企业和产业层级,而且企业和产业的学习和选择过程是相互作用的。企业和产业互动过程研究是揭示微观主体行为导致产业宏观现象变化机制的重要途径,产业演化行为必须由企业间的互动来描述,企业与产业互动过程如图 2-3 所示。

企业是共同演化的行为主体,企业演化主要研究企业的成长和发展过程。企业演化行为是企业针对环境的适应性行为。企业家凭借其认知能力协调企业内外部资源从事创新和模仿等学习活动,以加强企业动态适应能力。因此,企业演化行为本质上是企业学习或知识调整的行为,企业演化的本质是企业的学习过程或知识调整过程,只要环境对于企业还存在某种程度上的无知或不确定,企业就会有无意识的被动适应行为和有意识的主动适应行为。而且,企业内和企业间的互动,是一个充满不确定性的过程,任何行为主体都可能成为宏观产业演化的动力因素。

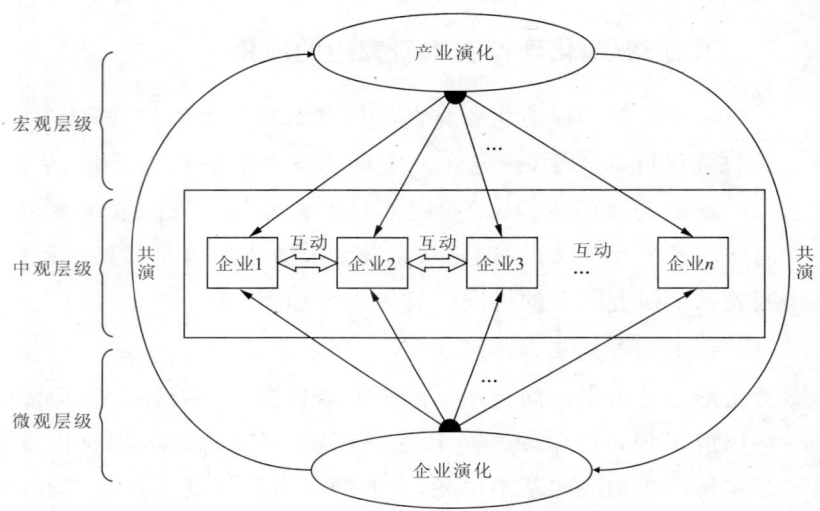

图 2-3 企业和产业共同演化逻辑

资料来源：黄凯南.企业与产业共同演化理论研究.济南：山东大学，2008。

　　企业和产业协同演化的逻辑基础是企业知识动态和产业知识动态的相互反馈机制。企业是知识的创新者和使用者，它也与外界环境进行着知识的交流，是知识的互动者，可见，企业演化是企业在不确定环境下的知识调整过程，具体来说，这个知识调整过程指企业在不同的环境下具有不同的知识需求、学习模式、内外部互动模式，它通过学习和选择过程，动态调整企业知识结构和内容，提升企业综合能力以适应企业发展需要。在企业演化过程中，企业内部的各种业务单元和部门作为知识的创造者和互动者，在外部环境的共同作用下，影响着企业行为的变化，进而影响企业的结构和能力。企业知识的动态调整通常会导致某类业务单元或部门的收缩或扩张、创立或撤销。在许多情况下，企业演化表现为企业的创立、发展、成熟和衰亡及其战略、组织、技术、市场的变化。

产业演化是研究产业的成长和发展过程,它通常关注产业总量和结构的变化,如产业知识总量的增长、产业组织结构和技术结构变迁及产业秩序的变化等。产业是由企业间的互动形成的,研究产业演化必须要研究企业微观行为,而产业宏观演化行为一般通过企业间的学习和选择过程来描述。

首先,企业的学习过程是推动产业演化的重要驱动力。创新(或多样性)是内生于企业的学习过程中的,一个企业通过组织内学习提高企业的创新能力,并开展相关创新活动,在某一方面形成创新成果,该创新成果通过企业间的互动过程被扩散到整个产业中,在这个过程中,其他企业往往结合自身的知识结构进行模仿,可能产生新的知识和创新成果,而且,这种新的知识又再一次通过互动被其他企业获得。这样,产业进入了创新循环中,产业知识将呈现非线性的增长过程,产业规模、产业结构得到扩大或优化。因此,企业的学习与创新活动,具有良好的外部性,这种正反馈效应是产业知识增长和产业发展的重要驱动力量。

其次,企业的选择过程影响产业演化的速度和方向。企业创新活动中形成了新知识和创新成果,由于企业家的偏好和企业资源能力条件不同,会对这些新知识和创新成果作出相应的选择,不同选择就会产生不同的后果。企业不同的选择行为通过企业的互动影响到产业的宏观变化,直接反映到产业的发展方向和发展速度中,若作了合适的选择,原有生产效率可能会大大提高,新兴产业也可能会出现,相反,若作了不合适的选择,相应的积极效应就不会产生。

因此,企业是产业演化的微观行为主体,宏观产业是由微观企业互动生成的,并且构成了微观企业的演化环境,产业宏观演化和企业微观演化之间彼此相互影响。只有明确了企业和产业之间的互动关系,才能更加准确地描述或预测企业和产业的演化路径和演化趋势。本书研究矿产资源产业的演化,也必须考虑微观主体——资源型企业在一定情景下的行为,特别是企业间的互动行为。

2. 技术与制度的协同演化

在经济研究中,学者对经济增长的观点可以分为两种:一种观点认为技术是经济增长的决定因素,技术变迁决定制度变迁,如熊彼特的观点、新增长理论等;另一个观点则认为制度是经济增长的决定因素,制度变迁决定技术变迁,如凡伯伦、加尔布雷斯、科斯、诺斯和威廉姆森等制度学派的观点。然而现实经济活动中,技术和制度是密不可分、协同演化的。

纳尔逊等(2001)指出,制度是一种相关社会群体所掌握的标准化的社会技术。在技术创新与扩散的过程中,物质技术和社会技术密不可分,新的物质技术的发展通常会带来新的社会技术,而社会技术的发展同样也会促进物质技术的发展。因此,纳尔逊(2005)强调,技术进步的速度和特征受到支撑它的制度结构的影响,制度创新也以新技术在经济体系中是否和怎样被接受为前提,技术和制度应该是共同演化的。

Pelikan(2003)进一步描述了技术和制度的共同演化机制。他认为,技术变迁对制度的影响主要有两个途径:一是新的生产方法或新的技术产品的有效利用,需要相应的新制度来协调和提高成员间的新技能;二是新技术可能会降低制度的实施成本,使得先前无法实施的制度得以实施。制度变迁对技术的影响主要有四种途径:一是组织的自由程度将影响技术创新的可能性;二是制度会对技术创新产生激励或负激励;三是制度还会对旧技术的黏性程度或消亡速度产生影响,进而影响技术创新和扩散速度;四是制度还会影响技术选择的正确性。

还有一些学者对技术与制度共同演化进行了实证研究。Haveman和Rao(1997)考察了加利福尼亚州1865—1928年间有关产业的技术和制度的共同演化;Murlnarm(2001)对1857—1914年法国、德国、英国、美国和瑞典五国进行了合成染料产业的比较研究,探讨了国家产业、技术和制度的共同演化过程,并认为技术和制度的共同演化主要是通过企业群体和大学群体的互动来推动的,这种互动有三个机制:一是员工的交换;二是建立产学研的合作模式;三是形成政治力量进行游说获得国家投入。

这些研究都揭示了技术和制度的共同演化的相互关系,并阐述企业、产业、区域乃至国家的技术进步、制度变迁和经济增长的内在关系。技术和制度的共同演化理论能很好地描述经济系统增长的一般性规律,有助于我们深刻理解产业演化的模式。在共同演化过程中,在某些层级制度创新可能是主导,而在另一些层级中技术创新可能是主导。技术和制度的关系在不同的时空场景中也不同,从长期来看,技术创新可能决定了制度创新和经济增长;从短期来看,制度创新可能决定了技术创新和经济增长。因此,在产业演化分析中,我们必须在特定的层级和时空场景中来研究技术和制度的互动关系。

3. 自组织与他组织的协同作用

普里高津和他的同事在建立耗散结构理论概念时,最早提出了"自组织"(Self-Organization)的概念,并且用这个概念描述了那些自发出现或形成有序结构的过程。协同学创始人哈肯对自组织的定义受到学界公认,他把自组织定义为:如果一个体系在获得空间的、时间的或功能的结构过程中,没有外界的特定干涉,我们便说该体系是自组织的;相对应,如果系统在获得空间的、时间的或功能的结构过程中,存在外界的特定干预,则称为他组织。简单来说,一个系统在外界强迫下形成的有序行为称为他组织;反之,一个系统在无外界强迫下系统内部自发形成的有序行为称为自组织。复杂系统在自组织和他组织协同作用下演化发展。

自组织与他组织在人类社会系统的形成、演化过程中,具有其各自不可替代的作用。一方面,自组织是系统内各子系统在非线性机制作用下的自我调节机制,是自然界和社会长期演化选择和形成的非常优化的进化方式。系统内部的非线性机制指系统内各子系统之间具有正负反馈关系,即在系统内存在各种形式的正反馈关系,即自我复制、自我放大的机制;同时,系统内还存在各种形式的负反馈,即自我饱和、自我稳定机制。系统从无序到有序状态的转变过程正是正负反馈机制综合作用的结果。大自然的演化证明了自组织机制的作用,人类社会在不断探索、试错式演化过程中不断发展也证明了自组织机制的作用,自组织机制是自然、社会系统的主要作用机制。另一方面,如果他组织运用得好,就可以缩短自组织系统形成和演化的时间。系统演化过程中,系统内主体在外界环境因素影响下,自觉调整自身行为,有助于自组织机制更好地发挥作用,促进系统结构和功能的优化,因此,在自组织系统形成与演化的过程中,他组织机制也具有重要意义。而且,系统要走向自组织过程,还要求外部环境对系统有所输入,并且要求输入必须达到能促使系统自组织运行的一定阈值,只有当外界引入的负熵流足以抵消系统内部的熵增时,系统才能出现有序结构。因此,自组织和他组织机制协同作用是系统演化的重要机制。

产业是复杂的经济系统,是在自组织和他组织协同作用下演化发展的。产业演化过程中,企业之间在物质、知识、信息等方面通过竞争与合作方式发生着非线性正反馈关系,使企业得以自我调节,协调企业间行为,减少交易成本,提升整个产业的运作效率。同时,产业演化中,受外部政策、社会文化、基础设施、教育水平等方面的影响,企业个体行为会根据外部环境的变化做出适应性调整,以更好适应环境,获得企业的发展。产业自组织演化是产业可持续发展的重要保障。

综上所述,产业自组织演化的要点是开放系统,创造条件,加强各种要素或条件输入,使得自组织过程得以产生,激励系统内部子系统的非线性相互作用,通过竞争与合作,推动系统产生整体新的结构和功能,同时,对于产业经济系统,在其形成初期,在遵循自组织规律的前提下,通过他组织机制作用,缩短产业自组织系统的形成时间;并在自组织系统演化过程中,外部环境不断向系统内部输入要素,依靠子系统之间的竞争与协同,推动产业系统自主演化,促使产业系统运行效率不断提高。只有这样,产业系统才会不断地从低级无序向高级有序的方向演化。

第二节 其他相关理论

一、资源环境经济学

美国经济学家霍德林(Hotelling)于 1931 年发表了《可耗尽资源的经济学》,他提出的资源保护和稀缺资源分配问题被视为资源经济学独立于经济学研究的标志。20 世纪 60 年代末到 70 年代,西方资源经济学开始着重研究人口、资源、环境问题,随之产生了环境经济学及生态经济学,人们将人口、资源、环境及生态问题进行综合研究。进入20世纪60年代后,一系列经济和非经济因素,如资源环境保护运动、热动力理论、生态理论以及增长极限理论、零增长理论等对于突破新古典经济学家的资源经济思想产生了较大的推动作用。他们对一些微观的资源环境问题,如资源的最优耗竭问题、污染问题和环境保护问题作了比较深入的探讨,并对市场机制在资源环境方面的作用能力产生了怀疑。其主要观点包括:①经济过程在物质上依赖于资源环境,经济活动必然产生资源环境成本;②认为环境整体上是一种稀缺资产;③某些创新可以延续资源的耗竭和环境的质量的退化;④为保持资源环境质量和功能,有针对性地进行旨在弥补市场机制缺陷的制度设计和政府政策干预是必要的;⑤可持续发展应作为处理资源、环境与发展关系的伦理准则和一般要求。20世纪70年代初,梅道斯(Meadows)发表了轰动西方的《增长的极限》一书,1972年英国经济学家史密斯(Smith)发表了《生存的蓝图》和《只有一个地球》等著作,把人口、资源、环境问题综合起来加以研究。从此资源经济学与环境经济学的研究趋于融合,在20世纪70年代末和80年代初产生了资源环境经济学。到目前为止,资源环境经济学的内容基本上由三大主题和四个方面构成,三大主题即效率、最优及可持续性,四个方面是指生产、分配、利用和保护及管理。资源环境经济学主要研究在资源及其利用过程中,人与资源以及人与人之间的相互关系,并且还要阐明这些相互关系的客观规律,也就是资源经济规律。资源环境经济学研究如何通过制度的安排和管理的调整来实现资源的有效配置。从对西方资源环境经济理论的历史回顾中可以看到,贯穿着这一领域经济思想的主线是资源、环境与经济发展的关系,即现在特别强调的可持续发展。

在进行矿产资源开发利用时,就要尽可能地处理好资源、环境与经济发展之间的关系,坚持矿产资源的开发利用与保护相结合的原则,依靠科技进步,提高矿产资源的利用率和综合利用水平。在提高矿产资源对社会经济的支撑力的同时,降低对环境的污染和减少由于矿业活动所诱发的地质灾害,实现矿产资源的可持续发展和生态环境与社会经济的可持续发展。

二、区域经济学

任何经济活动都离不开某一特定空间,不管其发展水平如何,最终都映射在某一特定空间内,这一特定空间在经济学里被称为"区域"。区域内的自然资源状况、人口分布状况、交通状况、教育科技水平、消费水平、政治制度等,会对该区域的社会经济活动和生产过程产生重要的影响。区域经济学研究如何使一个区域的经济发展达到整体最优效果。

区域经济学最早源于1826年德国经济学家杜能所提出的农业区位论,至今已有180多年的历史。自20世纪60年代以来,随着各国政府为解决区域问题而加强对区域经济活动的干预,从而大规模开展各种区域规划工作,区域经济学获得了迅速的发展。区域经济学是与经济地理学紧密联系的一门学科,它对区域的经济、社会因素进行分析,更主要的是为制定区域发展纲要提出科学的依据,并为区域经济建立计量经济模型。美国学者哈维(Harvey)和洛顿(Lowdon)于20世纪60年代提出了资源开发与区域发展阶段理论。马林鲍姆(Malenbaum)在此基础上创立了矿产资源消费强度理论,并提出了矿产资源需求的生命周期理论。其后,克拉克(Clark)和杰奥恩(Jeon)提出了矿产资源消费结构理论,并进一步完善了生命需求理论。产业结构在向高级化演进过程中的各个阶段均以资源的开发利用为基础,但是不同阶段利用主体的侧重点不同:工业化前产业发展所需的主要生产资料是土地,而工业化社会对矿产资源的需求成上升的趋势;在信息社会中,先进的技术和设备提高了矿产资源的利用率,而教育、旅游、信息等第三产业的发展使得矿产资源的需求呈下降趋势,并出现多元化发展格局。

区域经济学对资源型区域矿产资源开发利用中如何从地区的自然、社会、经济等环境出发,及明确西部矿产资源开发战略具有重要的意义。西部地区的发展是我国社会经济可持续发展的战略目标,西部矿产资源合理开发利用及可持续发展是实现西部大开发目标的重要途径,因此,西部矿产资源开发利用要从西部地区的社会经济条件出发,以重要矿产资源为依托,发展相关优势资源产业,加强区域合作,带动整个西部地区社会经济的全面发展。

三、可持续发展理论

20世纪70年代至80年代,一系列有关经济、环境可持续发展的文章引起了国际社会的关注。1987年,布伦特兰夫人在世界环境发展大会上正式提出了可持续发展的概念:"可持续发展是既满足当代人的需求,又不对后代人满足自身需求的能力构成危害的发展。"可持续发展概念的提出,标志着可持续发展理论的产生,并日益引起了关注。进入20世纪90年代后,可持续发展理论被正式列入国际会议议程。1992年,在巴西里约热内卢召开的联合国世界环境发展大会签署了一系列重要文件,第一次将可持续发展战略由概念落实为全球的行动。随后召开的世界人口和发展会议和哥本哈根世界首脑会议,都将可持续发展列为重要议题,并提出了可持续发展战略构想。"可持续发展是既满足当代人的需求,又不危及后代人满足其需求的发展"这个定义强调了两个基本观点:一是人类要发展;二是发展要有限度,特别是要考虑环境限度,不能危及后代人生存和发展的能力。

可持续发展包括以下内容:①可持续发展突出强调经济发展,消除贫困是实施可持续发展的一项不可缺少的条件。只有发展,才能为解决生态危机提供必要的物质基础,特别是对于发展中国家,发展权尤为重要,这是可持续发展的一个主要原则。②可持续发展认为经济发展与环境保护密不可分,并强调把环境保护作为衡量发展质量、发展水平的客观标准之一。发展经济的同时注重保护环境是可持续发展区别于传统发展的一个重要标志,环境保护与经济发展具有辩证统一的关系。③可持续发展强调代际之间的机会均等。为了人类的未来,必须给后代提供更好的发展机会。④可持续发展呼吁建立可持续的人类行为方式。可持续发展要求人们改变传统的生产方式和消费方式,要求人们尽量少投入、多产出和多利用、少排放。⑤可持续发展要求人们必须彻底改变对自然界的传统态度。可持续发展要求人们把大自然看作人类生命的源泉和价值的源泉,人类必须学会尊重自然、保护自然,把自己当作自然的一部分,人与自然和谐相处。

在可持续发展理论中,究竟什么应该是可持续的,一般有两种观点:一种认为效用应该是持续的,即未来世代的效用将不会下降,也就是未来至少应该和现在一样富裕或者幸福;另一种则认为,物质的生产能力应该是持续的,也就是从自然而来,经过经济活动又返回自然这样一个熵的物质流不会下降的观点。将可持续性界定为代际间不会减少的一些不可计量又不可留传的东西,是毫无意义的。而物质生产能力的持续,生态系统保持这些循环的能力是不会衰竭的,自然资本将保持不变,未来至少将享有和现在相同的福利。这种用以取之自然、用之自然的熵的生产能力,是我们赖以生存的新陈代谢的循环,是在代际间可计量和可传递的东西,因此这个概念更能够表现可持续性的内涵。由物理学的热力学第一定律发现,自然界能量的数量在传递和转化过程中保持不变。一个系统要做功,要么消耗内能,要么就是吸取系统外部的能量。由热力学第二定律可知,当物质形态转化时,会使某种能量受到一定的损失,这种不能再被转化做功的能量的总和就是熵。同样在一个国家中,国民经济增长依赖于大量自然资源的消耗,而经济增长过程中消耗的大量资源会导致熵的不断增加,从而大大扩展经济发展的负外部性,导致生态系统失去平衡,进而产生生态可持续性问题。

因此,矿产资源开发利用的可持续性及与地方经济的协调发展成为矿产资源产业可持续发展研究的焦点,以怎样的态度来看待经济增长过程中的矿产资源消耗问题,通过什么机制保障可持续发展等成为本书高度关注的问题。

第三章　矿产资源产业演化的动力机制

矿产资源产业演化动力机制是矿产资源产业演化机理的核心内容,是制定矿产资源产业发展相关政策的主要依据。本章拟按系统理论从矿产资源产业系统的内部和外部探寻影响矿产资源产业演化与发展的因素,并分别用哈肯模型、DEMATEL结构模型解析法找出产业系统内外的关键因素,并分析这些因素之间的关系和作用机制。在此基础上,进一步分析矿产资源产业演化的动力机制。

第一节　矿产资源产业系统演化的内源因子分析

一、矿产资源产业系统演化的内部因素

根据前面对矿产资源产业系统的界定,我国矿产资源产业发展的内部影响因素主要有矿产资源储备水平、产业技术创新能力、产业人力资源水平、产业生产能力、产业议价能力等。

(1)矿产资源储量水平。矿产资源是矿产资源产业发展的基础,矿产资源的种类、质量、分布和储量决定了矿产资源产业在一个区域的地位、作用及生产方式。由于矿产资源是不可再生资源,其储量对矿产资源产业的影响最大。有学者根据地区储量水平的变化,把矿产资源产业发展分为几个阶段,认为矿产资源产业随着矿产资源的耗竭而终结。矿产资源的储量变化也会影响

产业的生产方式,随着矿产资源储量的快速消耗,越来越多的企业意识到资源耗竭对企业的影响而改变生产方式,从过去的粗放式生产向集约化生产转换。可见,矿产资源的储量对矿产资源产业持续性、对产业内企业的行为都有重要的影响。

(2)产业人力资源水平。人力资源是经济发展的第一资源,国家和地区之间的竞争实质就是人才竞争,产业的发展也离不开一定的人力资源。产业人力资源水平指某产业人力资源的数量与质量,具体体现为人力资源拥有的数量、体质、智力、知识和技能。矿产资源产业人力资源水平,对矿产资源产业发展的技术难题解决、生产组织水平提升、新技术新装备的推广应用、管理水平的提高以及整个产业创新能力的提高,都有直接的影响,可以说,矿产资源产业人力资源水平决定了矿产资源产业的技术进步和产业生产水平,是产业技术进步和生产水平提升的基础。

(3)产业技术创新能力。产业技术进步内容包括科学理论创新、技术和装备水平的提高、生产工艺的改进、劳动者和管理者素质的提高以及管理决策水平的提高等。矿产资源产业是一个高风险、高投入的产业,由于矿产资源埋在地下,地质结构和组分复杂,矿产资源的勘探、开采、加工都需要很高的技术水平。历史上,每一次大的矿产资源集中发现期、大型或特大型矿床成批勘查,都与新的成矿理论和找矿技术的突破是密切相关的。不断创新成矿理论,研究探矿新方法、新技术、新设备,才能降低探矿风险,降低探矿成本,缩短探矿周期。在矿产资源开发利用中,也要依靠科技进步,提高采、选、冶回收率,使更多的呆矿、贫矿、难选(冶)矿和伴生矿得到充分合理利用,提高矿产资源的综合利用水平和效益。因此,矿产资源产业技术进步对矿产资源产业的可持续发展具有深远的意义。

(4)产业生产能力。产业生产水平目前还没有统一的定义,本书指从事某一产业生产活动所需要的人力资源的数量、质量和组织管理水平的总和,产业生产水平决定了产业生产活动的效率。矿产资源在勘探开发利用过程中,要进行钻探、基建、开采、洗选、冶炼、加工等生产活动,生产水平的好坏,对矿产资源型企业效益有直接影响,对整个矿产资源产业的效率、效益也会产生直接的影响。

(5)产业议价能力。产业议价能力指资源型企业对矿(加工)产品的定价权。对资源型企业而言,其产品是工业的原材料,需要是客观存在的,但产品价格会随市场需求变化而波动,而价格的上升和下降的幅度,对于资源型企业效益有直接的影响。因此,资源型企业对矿产品价格的控制能力也是矿产资源产业发展的重要影响因素。

二、矿产资源产业系统演化的内部关键因子分析

1. 哈肯模型简介

自组织理论是关于系统演化的理论,其基本要点是:一个开放的、非线性的、远离平衡态的系统,在外部控制参量达到某个阈值时,在随机涨落因子的作用下,系统可以通过突变形成新的更有序的结构。系统演化过程往往受少数几个缓慢变化的因素决定,这少数几个因素称为慢变量,也就是系统演化的序变量。序变量决定着整个系统的发展,起着支配全局的作用,主宰着系统的演化。哈肯把这种一定外部条件下由系统内部不同变量相互作用驱使系统结构发生演变的过程用数学形式进行描述,即哈肯模型。哈肯模型利用协同学的微观方法,找到线性失稳点,并区分出快、慢两类变量,消去快变量得到序参量方程,从而对系统内

部因素关系做出判断。

下面简单介绍哈肯模型的应用过程。考虑一种系统由两个子系统组成,子系统 1 和 2 的状态变量分别用 Q_1、Q_2 表示,这里不考虑随机涨落项。

$$Q_1 = -K_1 Q_1 - aQ_1 Q_2 \qquad (3-1)$$

$$Q_2 = -K_2 Q_2 + bQ_1^2 \qquad (3-2)$$

式中:K_1、K_2 为阻尼系数;a、b 反映 Q_1 与 Q_2 的相互作用强度。

式(3-1)、式(3-2)反映两个子系统 1 和 2 的相互作用关系。假设当子系统 1 不存在时,系统 2 是阻尼的,即 $K_2 > 0$。如果绝热近似条件成立,即 $K_2 > |K_1|$,则可采用绝热近似法,令 $Q_2 = 0$,得式(3-2)的近似解:

$$Q_2(t) = \frac{b}{K_2} Q_1^2(t) \qquad (3-3)$$

它表示子系统 1 支配子系统 2,因此,Q_1 是系统的序参量,将式(3-3)代入式(3-1),得到序参量方程为:

$$Q_1 = -K_1 Q_1 - \frac{ab}{K_2} Q_1^3 \qquad (3-4)$$

为便于应用,将哈肯模型离散化为:

$$Q_1(k+1) = (1-\lambda_1)Q_1(k) - aQ_1(k)Q_2(k) \qquad (3-5)$$

$$Q_2(k+1) = (1-\lambda_2)Q_2(k) - bQ_1(k)Q_1(k) \qquad (3-6)$$

2.矿产资源产业系统演化的内部关键因子

(1)变量的选取与依据。矿产资源产业系统内部受矿产资源储量水平、产业人力资源水平、产业技术创新能力、产业生产能力、产业议价能力等因素影响,但归纳起来,这些因素集中体现在矿产资源型企业的科技创新、生产、营销等活动中。因此,矿产资源产业系统内部因素关系用产业内科技创新、生产、营销三个子系统来分析。在矿产资源产业系统的三个子系统中,由于矿产品是国民经济发展的基础产品,其市场需求具有一定的刚性,因此,矿产资源产业系统主要作用的子系统是生产子系统和技术创新子系统。技术创新子系统状态变量用产业科技投入指标来反映,产业科技投入由研究与实验发展支出加上新产品开发支出来计算,用 tech 表示;生产子系统状态变量用产业从业平均人数来反映,用 labor 表示。产业科技投入、产业从业平均人数两个变量基本反映了矿产资源产业生态系统的本质特征,且符合哈肯模型的变量要求,针对这两个变量的分析结果可以反映矿产资源产业演化行为的一般特征。

(2)数据的搜集与测算。本书从《中国统计年鉴》搜集了2000—2011 年矿产资源产业各子产业数据,包括煤炭开采和洗选业、黑色金属矿采选业、有色金属矿采选业、非金属矿采选业、其他矿采选业、石油加工及炼焦业、化学原料及化学制品制造业、非金属矿物制品业、黑色金属冶炼及压延加工业、有色金属冶炼及压延加工业、金属制品业、煤气生产和供应业,以这些矿产资源子产业数据为样本,可以反映我国矿产资源产业的基本情况,所得结论对研究我国矿产资源产业演化规律具有重要的现实意义(表 3-1)。

下面运用哈肯模型,论证产业系统内技术创新子系统和生产子系统的关系。

第一步,检验矿产资源产值与劳动生产率、技术创新投入的关系。运用 Eviews5.0 软件计算,可得表 3-2。从表 3-2 中可以看出,两个变量的 p-value 值都远小于 0.05,F-statistic 值为零,表明产业从业人数、技术创新投入是矿产资源产业产值的解释变量,且显著通过检验。在控制其他变量不变的情况下,劳动生产率提高一个单位,矿产资源产值相应提高 0.6 个单位;技

表 3-1　2000—2011 年我国矿产资源产业工业产值、从业平均人数和创新投入

年份	矿产资源工业产值（万元）	从业平均人数（万人）	科技创新投入（万元）
2000	18 718.78	1 932.94	249
2001	20 426.16	1 547.8	249
2002	22 155.55	1 821.97	320.04
2003	32 026.63	1 864.61	420
2004	36 353.20		669.11
2005	60 659.26	2 120.84	809.62
2006	76 578.04	2 228.94	993.01
2007	96 669.24	2 348.74	1 334.67
2008	125 480.07	2 625.19	2 028.64
2009	158 464.09	2 624.87	2 142.13
2010	245 222.67	3 525.52	2 294.92
2011	322 956.3	2 716.12	3 411.14

数据来源:《中国工业经济统计年鉴》(2001—2012)、《中国科技统计年鉴》(2001—2012)。

表 3-2　矿产资源产值与劳动生产率、技术创新投入关系的假设检验

变量	系数	标准差	T 统计量	p-value
LOG(*labor*)	0.641 155	0.052 898	12.120 61	0.000 0
LOG(*tech*)	0.909 712	0.059 635	15.254 67	0.000 0
R-squared		0.979 574		
Adjusted R-squared		0.977 531		
Prob(F-statistic)		0.000 000		

创新投入提高一个单位,矿产资源产值相应提高 0.9 个单位。这个基本结论也符合矿产资源产业属于资金技术密集型产业这一特性。

第二步,假设产业从业人数为序变量,模型设定为:
$$labor_t = \alpha labor_{t-1} + \beta tech_{t-1} \tag{3-7}$$
$$labor_t = \alpha labor_{t-1} + \beta tech_{t-1}^2 \tag{3-8}$$

式中:α 表示基期产业全部从业平均人数对劳动生产率的影响程度;β 表示基期技术创新投入对劳动生产率的影响程度。

运用 Eviews5.0 软件计算,模型(3-7)运算结果如表 3-3,模型(3-8)运算结果如表 3-4 所示。p-value 值分别为 0.223 2、0.124 0,都大于 0.05,产业从业人数对产业创新投入无显著影响,假设未通过检验,表明产业从业平均人数不是矿产资源产业演化的序变量。

表 3-3 模型 3-7 的回归结果

变量	系数	标准差	T 统计量	p-value
LOG[$labor_{(t-1)}$]	−0.336 634	0.254 916	−1.320 571	0.223 2
LOG[$tech_{(t-1)}$]	0.340 823	0.069 258	4.921 083	0.001 2
R-squared	0.892 702			
Adjusted R-squared	0.865 877			
Durbin-Watson stat	2.467 972			

第三步,假设技术创新投入为序变量,模型设定为:
$$tech_t = \alpha tech_{t-1} + \beta labor_{t-1} \tag{3-9}$$
$$tech_t = \alpha tech_{t-1} + \beta labor_{t-1}^2 \tag{3-10}$$

式中:α 表示基期技术创新投入对现期技术创新投入的影响

程度;β 表示基期劳动生产率对技术创新投入的影响程度。

表 3-4　模型 3-8 的回归结果

变量	系数	标准差	T统计量	p-value
LOG[$labor_{(t-1)}$]	−0.429 413	0.249 871	−1.718 540	0.124 0
LOG[$tech_{(t-1)}$]× LOG[$tech_{(t-1)}$]	0.027 512	0.005 120	5.373 024	0.000 7
R-squared	0.906 241			
Adjusted R-squared	0.882 801			
Durbin-Watson stat	2.638 830			

运用 Eviews5.0 软件计算,模型(3-9)运算结果如表 3-5 所示,模型(3-10)运算结果如表 3-6 所示。p-value 值都为 0.000 1,都小于 0.05,产业创新投入对产业从业人数有显著影响,假设通过检验,表明产业创新投入是矿产资源产业演化的序变量。

表 3-5　模型 3-9 的回归结果

变量	系数	标准差	T统计量	p-value
LOG[$tech_{(t-1)}$]	0.979 434	0.136 582	7.171 049	0.000 1
LOG[$labor_{(t-1)}$]	0.101 288	0.502 714	0.201 483	0.845 3
R-squared	0.968 825			
Adjusted R-squared	0.961 032			
Durbin-Watson stat	1.826 312			

表 3-6　模型 3-10 的回归结果

变量	系数	标准差	T 统计量	p-value
LOG[$tech_{(t-1)}$]	0.976 780	0.134 659	7.253 722	0.000 1
LOG[$labor_{(t-1)}$]×LOG[$labor_{(t-1)}$]	0.007 273	0.031 968	0.227 506	0.825 7
R-squared	0.968 869			
Adjusted R-squared	0.961 086			
Durbin-Watson stat	1.819 988			

基于上述矿产资源产业系统内部子系统关系分析可见,产业科技创新投入是矿产资源产业演化的关键变量,矿产资源产业演化过程可以归结为产业技术进步的过程。

三、矿产资源产业系统演化的内部关键因子的作用机制

Abemathy 和 Uttethack(1978)提出了产业创新的动态演化模型(A-U 模型);赵玉林等(2007)进行了科技产业系统演化自组织机制的研究,提出了技术创新与产业创新的关系;张倩男(2008)指出,科技创新在产业演化过程中发挥了建设性的作用,科技创新通过对生产要素、需求条件、相关和支持性产业的表现及企业竞争四个关键因素的诱导,实现了对产业演化的诱导作用。其中,沈镭、魏秀鸿(1998)系统阐述了科技进步对矿产资源产业的影响,认为科技进步促使矿产资源开发利用的空间逐步扩大、种类不断增多、布局不断改变、综合利用率不断提高,科技创新是矿产资源产业发展的关键因素。刘兵等(2007)通过对我国镁产业发展历程的回顾以及对技术在镁产业发展过程中的作用分

析,发现技术在镁产业形成与发展过程中起非常重要的作用:在镁产业形成初期,为了满足军工生产的急需,政府通过直接引进先进的电解镁生产工艺技术和变形镁加工技术,使我国迅速形成了镁合金制品的生产能力;在镁产业形成的后期,具有中国特色的皮江法技术使大批创业企业具备了强劲的国际竞争力,使我国在短短几年内一跃成为全球原镁第一生产和出口大国,而我国的电解法原镁生产企业,由于技术老化、成本过高,于 20 世纪 90 年代末和 21 世纪初逐步退出了市场;在镁产业成长期,镁合金压铸装备与表面处理等核心关键技术的突破直接推动了我国镁合金压铸产业链的形成,实现了我国镁产业的结构升级和整体技术水平的提高。

基于科技创新对矿产资源产业的影响分析,产业科技创新对矿产资源产业发展的作用机制可以描述为,假定在某一时期的一个企业,在一定条件下,通过变异或新奇创生机制,产生新技术并运用到矿产品生产活动中且获得成功,此时会产生很好的示范效应、技术溢出效应和先期市场开发效应,其他企业在预期高利润的驱使下,通过模仿、模仿创新进入到这个领域,导致市场规模扩大,形成新的产业。在众多企业进入该行业后,企业竞争加剧,市场进一步扩大,进而企业数量、市场规模稳定到一定的水平,形成产业相对稳定的状态,此时,在不同因素的作用下将会有不同的演化轨迹,产业可能衰退至消失,也可能获得进一步发展,如图 3 - 1 所示。

从上述分析可以看出,产业技术创新是矿产资源产业系统发展的内因,通过产业技术创新,可以产生更多的子产业,强化企业间或子产业间的分工与合作,提高企业效益和产业效率;可以增强产业系统的复杂性和多样性,提高产业网络的稳定性;可以开发新的市场,满足更高的市场需求;可以扩大市场规模和组织空

第三章　矿产资源产业演化的动力机制

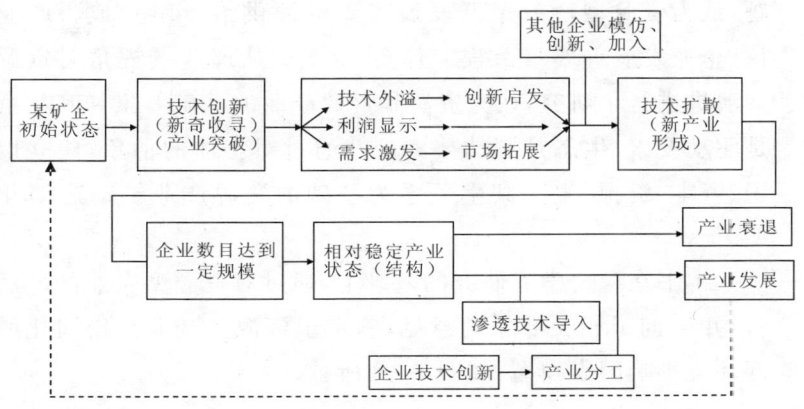

图 3-1　技术创新对矿产资源产业演化的作用机制

间,实现规模经济和范围经济。总之,产业技术创新影响着资源型企业的竞争能力,改变着矿产资源产业的技术结构、组织结构、产业规模和产业效率,推动着矿产资源产业的升级与发展。

第二节　矿产资源产业系统演化的外源因子分析

一、矿产资源产业系统演化的外部因素

资源型产业系统处于复杂的外部环境中,而且系统必须是开放的,不断与外界进行物质与能量的交换,才能使系统不断而有序地演化。马歇尔(Marshall)从"外部经济"角度,认为专门人才、原材料提供、运输便利以及技术扩散是产业集聚的动力。刘恒江等(2005)认为政府行为和竞争环境是影响集群外部竞争优势的重要因素,它们衍生出来的作用关系构成集群的外源动力机制。王坤(2006)运用钻石模型论述了资源型产业集群的发展问

题,认为资源型产业集群发展需要资源供给、市场需求、产业支持、企业发展等要素。程宏伟等(2008)从产业链视角对资源产业演进进行了研究,认为资源是资源产业的基础要素,知识、资本是驱动要素,生态是制约要素。并通过对实体的抽象,建立以知识、资本、资源、生态共生关系为基础的资源产业链动态演化模型。

本书在综合学者研究的基础上,通过对资源型企业的广泛调研,并咨询了相关专家的意见,确定了资源型产业系统演化的外部环境影响因素模型,如图3-2所示。

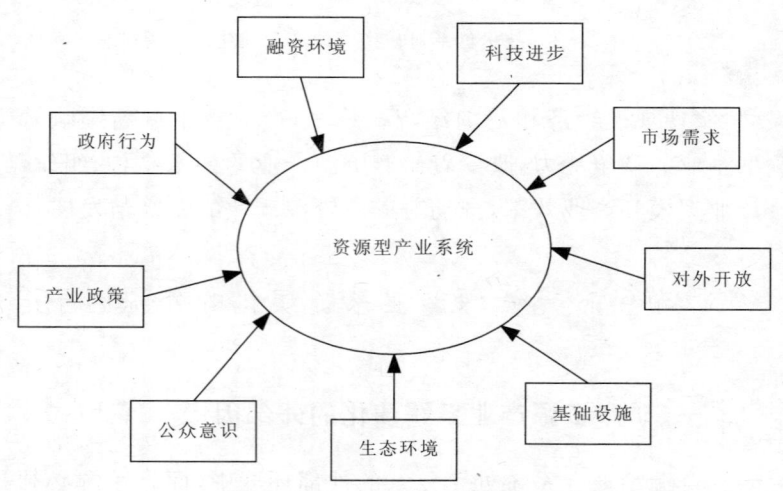

图3-2 资源型产业系统演化的外部环境影响因素模型

(1)相关政策。相关政策包括宏观政策和政府规制等。其中产业政策对矿产资源产业影响较大,产业政策的基本含义是指政府为了保证其宏观和长远利益的实现,根据国民经济发展的内在要求,调整产业结构、产业组织形式和产业布局等有关产业发展的各种政策措施的总称。与其他产业相比,资源型产业的形成与发展对政府的依赖性更高。鉴于自然资源对于一个国家的基础性作用,资源型产业大多数是由国家直接管制和控制的。因此,国家制定的产业政策通过宏观调控和政策扶持指导资源型产业的发展方向,引导资源型产业的发展速度,监督资源型产业长期、健康、持续地发展。

(2)政府行为。自发成长起来的产业面临市场的不确定性和环境的动荡,因而难免出现"市场失灵"和"系统失灵"现象。过度的"市场失灵"和"系统失灵"给产业发展带来的创伤将是致命的。政府的作用就是处理市场和系统所不能解决的问题,避免它们依靠自身的力量而造成过多的时间和能量损失,以弥补市场和系统的不足,并提高集群效率。在产业内部,企业间的相互作用机制并不能完全依靠市场的力量,通常需要建立配套的公共机构,规定内部共同的行动准则,这都需要政府以公共管理者的身份,为各企业协调关系,以保证产业持续发展。

(3)融资环境。矿产资源产业具有高投入、高风险的特征,由于长期处于价值链的低端,加上自身的经营管理的问题,大多数资源型企业的自我发展都受制于资金的约束。因此,资源型产业的转型和发展必然需要政府创造良好的金融环境,并积极吸引社会资金的支持,以解决其发展的资金瓶颈。

(4)科学技术进步。从人类产业发展史可以发现,每一次技术革命必然带动产业发展的飞跃,其中产业技术进步在产业演进过程中起着关键作用,而产业技术进步是社会科技进步的必然结果,良好的科技水平是产业技术创新与扩散的前提。在一定条件下,技术进步会呈现加速趋势,推动了产业系统演化发展的速度。

(5)市场需求。市场需求受消费者偏好、消费者收入水平、替代品的价格、互补品价格、市场预期等多种因素的影响。随着社会经济的发展和收入水平的提高,最终消费需求总是处于不断的升级变化之中,因此,对于生产资料的需求也经常处于变化中。正是这种联动的需求结构达到总体升级后,带动了产业系统结构的优化升级。在市场经济条件下,产业的运行是以市场需求为前提的,市场需求是推动产业成长与演化的根本动力,市场需求的容量和稳定性决定了产业系统的稳定性,市场需求的变化直接影响着产业系统演化。

(6)对外开放。尽管资源型产业在生产要素的集聚能力、扩张能力、增长能力、流通能力方面与现代高科技产业的差距较大,但全球化和对外开放的政策给资源型产业的发展提供了宝贵机遇。在对外开放的大格局下,信息、资源、资本、人才等社会经济发展要素的联系和交流更加紧密,国外先进的生产技术、资金、先进的管理理念和方法将被引进,这给资源型产业演化创造了良好的氛围。

(7)基础设施水平。资源型企业生产涉及到大量的原材料供应和产品的外销,因此运输的便利性是影响资源型企业发展的重要因素。此外水、电等基础资源都将影响到企业的正常运作,因此,资源型企业所在地区的基础设施水平将极大影响资源型产业的发展。

(8)生态环境。资源产业最为突出的特点就是它要受到生态环境的制约。资源产业发展过程中不可避免地对生态环境产生负面的影响,但是由于长期以来实施消耗型经济增长模式,生态环境的承载能力已经逼近极限,不论是从系统和谐的角度还是资源产业自身演化的需要,生态环境都成为其发展必须考虑的强约束要素。

(9)公众意识。资源型产业在发展过程中,逐步形成了一种依赖于资源的意识,这种意识作为一种潜在力量影响着城市居民的思维方式。随着经济、社会的发展,公众逐渐意识到资源型产业对资源消耗大,使环境污染严重。公众的意识加强,将迫使政府采取更多的措施限制资源型产业的发展。

本书认为以上九个外部环境因素对资源型产业系统的演化具有重要的促进作用,是系统有序演化的外在动因。

二、矿产资源产业系统演化的外部关键因素分析

1. DEMATEL 方法概述

DEMATEL(Decision Making Trial and Evaluation Laboratory),直译为决策试验与评价实验室法,是一种结构模型解析方法。它是 1971 年 Bottelle 研究所为了解决现实世界中复杂、困难的问题而提出的方法论。该方法是一种运用图论与矩阵工具进行系统要素分析的方法,通过分析系统中各要素之间的逻辑关系与直接影响关系,可以判断要素之间关系的有无及其强弱。

2. 基于 DEMATEL 方法的影响因素分析

基于 DEMATEL 方法的影响因素分析基本步骤如下:

第一步,确定资源型产业系统演化外部环境影响因素,将各个因素分别记为 $F_1, F_2, \cdots, F_n$。前面已经分析出各影响因素 $F_1, F_2, \cdots, F_9$ 分别为产业政策、政府行为、融资环境、科技进步、市场需求、对外开放、基础设施水平、生态环境以及公众意识。

第二步,确定影响因素之间的关系。由专家分析各因素之间的直接关系,并用矩阵表示各指标之间的直接相互影响关系,设 n 阶矩阵 $\boldsymbol{X} = (a_{ij})_{m \times n}$,如果因素 i 对因素 j 有直接影响,并且影响程度为 b,则定义 $a_{ij} = b$;如果 $b = 0$,则表示因素 i 对因素 j 没

有直接影响。$X=(a_{ij})_{m\times n}$ 表示两两因素之间的直接影响关系。

本书通过对相关企业和专家学者进行问卷调查,问卷采用 1~9 标度对资源型产业系统演化外部环境影响因素的直接关联程度进行调研,其中 9 表示对应因素间的关联程度最强,1 表示对应因素间的关联程度最弱。对有效问卷进行分析并取出现频率最高的数作为对应因素的直接关联程度,得到资源型产业系统演化外部环境影响因素的直接影响矩阵(表 3-7)。

表 3-7 矿产资源产业系统演化外部环境影响因素的直接影响矩阵

序号	1	2	3	4	5	6	7	8	9
1	0	9	7	5	0	7	5	7	0
2	0	0	5	3	0	3	7	7	3
3	0	0	0	3	0	3	0	0	0
4	0	0	0	0	0	0	0	3	3
5	0	0	0	0	0	0	0	0	0
6	0	0	7	5	5	0	0	0	7
7	0	0	0	0	1	1	0	0	0
8	0	0	0	0	0	0	0	0	9
9	5	7	0	0	0	0	0	0	0

第三步,计算综合影响矩阵。为了分析因素之间的间接影响关系,需要求综合影响矩阵 $T=(t_{ij})_{m\times n}$。将 X 各行求和,设行和最大值为 max,令 $Y=X/\max$,求 $T=Y(I-Y)^{-1}$,这里 I 为单位矩阵。最后求得综合影响矩阵 $T=(t_{ij})_{m\times n}$,如表 3-8。

表 3-8 矿产资源产业系统演化外部环境影响因素的综合影响矩阵

序号	1	2	3	4	5	6	7	8	9
1	0.015 2	0.249 6	0.246 3	0.191 5	0.029 9	0.201 1	0.189 1	0.235 7	0.121 3
2	0.017 8	0.029 0	0.147 8	0.102 3	0.015 5	0.085 1	0.193 4	0.190 9	0.142 7
3	0.000 9	0.001 5	0.000 9	0.075 7	0.002 2	0.002 2	0.075 5	0.006 1	0.007 5
4	0.011 9	0.019 4	0.005 2	0.003 3	0.000 2	0.005 3	0.080 5	0.095 6	
5	0.001 0	0.001 6	0.075 5	0.081 1	0.000 2	0.000 4	0.006 1	0.006 5	0.007 7
6	0.024 5	0.039 9	0.195 2	0.156 2	0.126 6	0.007 9	0.024 7	0.023 0	0.196 3
7	0.000 6	0.001 0	0.006 8	0.005 9	0.028 2	0.025 2	0.000 8	0.000 7	0.005 1
8	0.029 3	0.047 5	0.012 7	0.009 4	0.001 4	0.009 0	0.012 9	0.014 1	0.234 0
9	0.130 0	0.211 3	0.056 7	0.041 8	0.006 4	0.040 0	0.057 5	0.062 9	0.040 1

第四步,影响因素分析。考察 T 中元素 t_{ij},计算出每个元素的影响度、被影响度以及中心度与原因度。T 的各行元素之和 $T_r = [T_r(1), T_r(2), \cdots, T_r(n)]^T$,表明各行对应因素对所有其他因素的综合影响值,称为影响度。T 的各列元素之和 $T_c = [T_c(1), T_c(2), \cdots, T_c(n)]^T$,表明各列对应要素对所有其他要素的综合影响值,称为被影响度。因素 F_i 中心度为 $M_i = T_r(i) + T_c(i)$,表示该因素在影响因素体系中的位置及其所起作用大小。因素 F_i 原因度为 $R_i = T_r(i) - T_c(i)$,如果 $R_i > 0$,表示该因素对其他因素影响大,称为原因因素;如果 $R_i < 0$,表示该因素受其他因素影响大,称为结果因素。通过分析表 3-8 得出各影响因素的中心度和原因度,如表 3-9 所示。

通过上述计算,我们可以根据影响度和被影响度判断出每一个要素之间的相互影响关系,以及对系统整体的影响程度,再根据各要素的中心度可判定出各个要素在系统中的重要程度,还可根据原因度的大小确定各要素在系统中所处的位置。这样我们可以根据上述量化关系,删减要素的数量,简化要素之间关系的复杂程度。

表 3-9 矿产资源产业系统演化外部环境影响因素的中心度和原因度

序号	行和	列和	中心度	原因度
1	1.479 7	0.231 2	1.710 9	1.248 5
2	0.924 5	0.600 8	1.525 3	0.323 7
3	0.172 5	0.747 1	0.919 6	−0.574 6
4	0.226 3	0.667 6	0.893 9	−0.441 3
5	0.180 0	0.211 0	0.391 0	−0.031 0
6	0.794 3	0.374 6	1.168 9	0.419 7
7	0.074 3	0.565 3	0.639 6	−0.491 0
8	0.370 3	0.620 7	0.991 0	−0.250 4
9	0.646 7	0.850 3	1.497 0	−0.203 6

第五步,结果分析。分析表 3-9 中的资源型产业系统演化外部环境影响因素的中心度和原因度,可以得出以下结论:

(1)资源型产业系统演化外部环境影响因素中原因因素有相关政策、政府行为、对外开放,而其他的六个影响因素是结果因素。原因因素对其他因素影响大,而结果因素受其他因素影响大。

(2)资源型产业系统演化外部环境影响因素中,相关政策的中心度和原因度都最大。说明相关政策对其他的因素影响最大,是影响资源型产业系统演化的关键因素。因此,有效的产业政策是引导资源型产业系统有序演化的重要条件,它能够规范市场环境,创造良好的金融环境,改善生态环境,对于促进科技进步与产业发展有重要的作用。资源型产业的主管部门应当追根溯源,抓住影响资源型产业系统演化的关键因素,通过积极制定有效的产业政策,促进资源型产业健康、持续地发展。

三、矿产资源产业外部环境关键因子的作用机制

政策在产业演化过程中发挥了关键性的作用。政策是影响市场运行和企业经营的宏观变量,对产业系统的演化发展产生深远的影响。以环境政策为例来说明政策对产业的作用机制,如图3-3所示,环境政策的实施,要求企业加强环境保护,使矿产资源

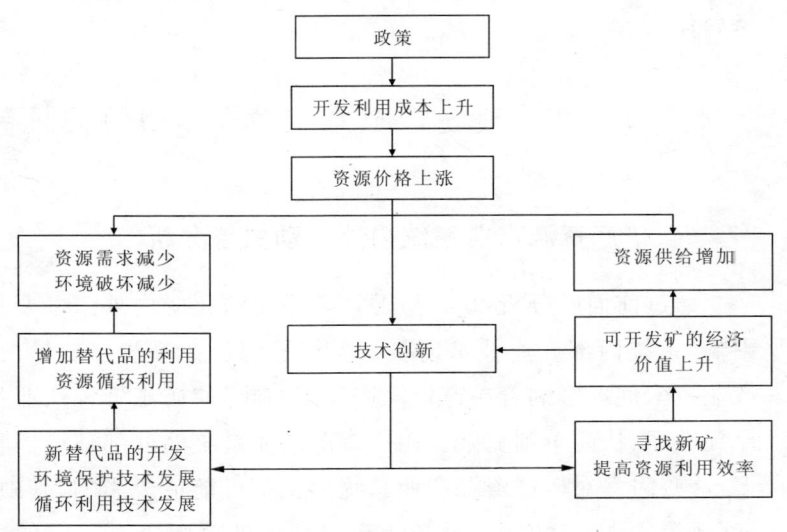

图 3-3 政策对产业演化的作用机制:以环境政策为例

型企业成本增加;企业成本增加,自然产品价格上涨;矿产品价格的上涨,一方面使资源需求减少,另一方面矿业企业要增加资源供给,同时企业为了获得成本优势,会进行技术革新;企业通过技术创新,能寻找新矿,能提高资源利用效率,从而使可开发矿的经济价值提高,进而增加资源供给。另外,技术创新促进相关技术的发展,增加替代品的利用和资源循环利用,从而减少对环境的破坏。这样,环境政策主要通过对企业成本收益的影响,使企业调整行为,实现了政策目标。

总之,政策往往对企业的进入、退出、竞争行为,甚至定价等进行限制,产业政策的调整势必对产业产品结构、产业组织结构、产业空间布局和产业技术政策等产业系统的演化发展有着直接的影响。具体来说,政策通过对生产要素、需求条件、相关和支持性产业的表现及企业竞争四个因素的诱导,实现了对产业演化的诱导作用。

第三节 矿产资源产业系统演化动力协同机制

一、矿产资源产业系统内外互动关系分析

通过前面的分析,矿产资源产业系统演化受内外诸多要素的影响,系统内部产业技术创新是矿产资源产业系统序变量,正是产业技术创新影响着矿产资源产业的演化,使矿产资源产业从无序到有序、从简单到复杂。矿产资源产业系统的外部环境因素很多,这些因素对矿产资源产业系统演化都可能造成影响,其中,制度(政策)是关键因素,对产业系统其他外部因素有一定的影响作用。因此,矿产资源产业的演化可以描述为制度作用于产业技

术创新活动,产业技术创新推动整个矿产资源产业的发展。要想推动矿产资源产业的可持续发展,必须要抓住产业技术创新这一主线,运用政策调节各方行为,使企业在相关技术创新上有突破,从而推动矿产资源产业的升级与发展。

从复杂系统视角来看,产业系统外部因素是产业系统演化的涨落因子,产业系统内部因素中产业技术创新是关键因素,是影响产业演化的序变量。这样,矿产资源产业演化的总体框架可以用图3-4表示。

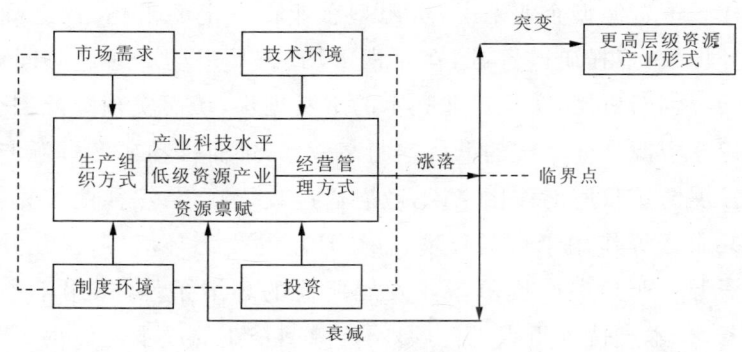

图3-4 矿产资源产业演化总体框架

虚线部分包括市场需求、技术环境、投资以及制度环境,它们是产业演化的外因,资源禀赋变化、产业技术创新、生产组织方式变革、经营管理方式改善是产业演化的内因;产业技术创新是矿产资源产业发展的关键因素,是矿产资源产业自组织演化的序参量;矿产资源产业内部的竞争与协作、学习与创新,是产业演化的源动力。当矿产资源产业的瞬时状态变量(如资源利用技术水平、资源消耗强度等)对于宏观状态变量偏离时,便产生涨落现象。当涨落低于状态变量的临界水平时,不会引起系统结构的变化,原有产业系统得以维系;当涨落高于产业状态变量的临界水平时,就会造成原有系统结构失稳,通过突变形成更高层级的产业系统。

二、矿产资源产业系统演化动力机制

根据对矿产资源产业系统结构和功能的分析,矿产资源产业系统内外部之间存在非线性关系。而从前面的分析可以知道,矿产资源产业演化的基础是成本效率机制。从矿产资源产业主体——资源型企业来说,资源型企业在一定的市场、社会和生态环境下,依托矿产资源,在要素市场、产品市场上通过协同竞争、学习创新机制,实现产业技术的不断进步,从而实现资源型企业、矿产资源产业系统的低成本与高效率,进而推动矿产资源产业的发展。从政府的作用来说,政府通过政策制定、法律法规完善、公共服务等作用于市场环境、社会环境与生态环境等,优化并改善资源企业和矿产资源产业发展所需的环境条件,作用于中介服务、技术支持等组织机构,影响资源型企业的成本与效率,从而对资源型企业的行为进行调控,进而推动矿产资源产业的发展。

为了研究的简便性,我们假定企业行为准则是追求利益最大化;假定企业决策的信息不完全;假定产业宏观表现是企业互动的结果,则矿产资源产业演化的动力机制可以用图3-5来表示。

其中,矿产资源产业受资源禀赋和环境约束的影响,资源型企业的技术创新与资源禀赋、环境约束之间存在互动关系;政府根据需求情况制定相关政策来影响资源型企业的行为,进而对资源型产业进行调控;政府能用各种工具,如财政政策、金融政策来调控资源品价格,从而对企业的成本、收益、利润造成影响;成本、收益、利润的变化进而影响企业的技术创新、生产等行为;企业行

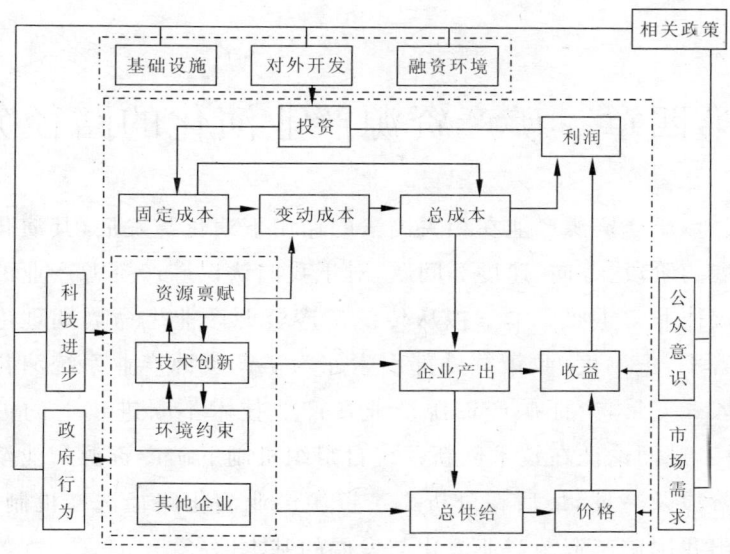

图 3-5 矿产资源产业演化动力机制

为的变化及企业之间的互动,必然影响产业的产出规模、产出结构及产业组织结构。

第四章　矿产资源产业演化的路径分析

矿产资源产业在相关因素的作用下演化与发展,其演化与发展的阶段、方向、速度等问题,对于我们认识矿产资源产业的演化规律非常重要。本章拟从传统矿产资源产业生命周期理论分析着手,把制度、政策等外部因素作为矿产资源产业系统演化的嵌入式变量,论证矿产资源产业在产业技术不断进步下的可持续性,进而论证在技术创新系统自组织机制下矿产资源产业演化的阶段及特征,最后在分析矿产资源产业演化路径选择机制下,指出我国矿产资源产业演化与发展的基本路径。

第一节　传统矿产资源产业生命周期理论及缺陷

一、传统矿产资源产业生命周期

传统矿产资源产业生命周期理论认为,矿产资源的可耗竭性决定了矿产资源产业必然会随着资源的减少或枯竭而趋于衰败,矿产资源产业不是持续性产业。具体来说,基本观点如下:

(1)矿产资源的有限性。由于矿产资源属于不可再生的自然资源,在一定时期内其储量是有限的,总有一天将会耗竭,矿产资源产业必须停止。从生产角度来看,不论该矿产资源的储量有多么丰富,开采强度有多么低,从理论上讲,总会有全部被开采出来的一天,生产被迫停止,进而整个区域的矿产资源产业将会消亡。

(2)生产成本不断上升。矿产资源的开采顺序一般是先中心后腹地、先优后劣、先易后难、自上而下。由于矿产资源生产过程中提升、运输距离增长,为生产准备的巷道和井筒延深,通风和抽水的线路增长,一些成本较高工艺的使用,这些都会增加维护与运营成本,还会增加间接生产服务性成本,使得矿产资源产品的生产成本不断上升。

(3)矿产资源产业具有边际收益递减的特点。矿产资源产业具有高投入特点,矿产资源大规模的工业化开发,需要追加大量的资本、设备以及人力等,但是由于生产成本的不断上升,总产出和效益不是同比例递增的,边际报酬明显地呈递减的趋向。

因此,传统矿产资源产业生命周期理论一般把矿产资源产业根据工业产值分为五个阶段:勘探开采期、扩大生产期、高产稳定期、衰退期、枯竭期(图4-1)。

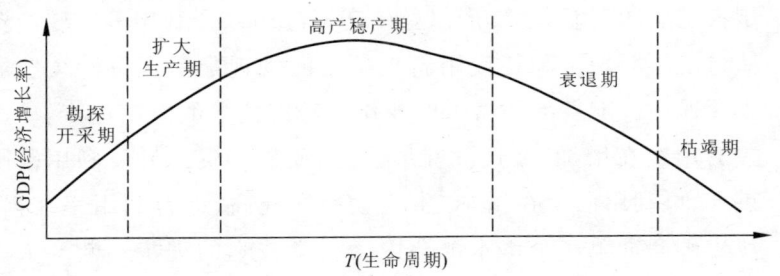

图4-1 资源型产业的发展规律

二、传统矿产资源产业生命周期理论的缺陷

矿产资源形成的地质作用是一个漫长的历史过程,从这个意义上说,大部分的矿产资源是一种不可再生的或耗竭性的资源,因此被一些经济学家形象比喻为只有流出而没有流入的蓄水池。

因此,传统的矿产资源产业生命周期理论把矿产资源产业的产业技术固化在一个较低的水平,而矿产资源储量是固定的,随时间推移必然耗竭。而矿产资源具有自然属性和经济属性,自然属性指矿产资源是地质作用的产物,经济属性是指矿产资源是有利用价值的自然资源。现实中,从一个产业角度来看,产业技术是不断进步的,矿产资源是一个动态的概念。自然界还存在数量巨大的难识别矿产和超深度矿产,随着人类认识能力和技术手段的不断提高,传统矿产资源的储量仍然可以不断增加。同时,还可能发现新类型、新领域、新深度、新工艺、新用途矿产,即所谓的非传统矿产资源。按照赵鹏大院士的定义,非传统矿产资源是指由于当前技术、经济等原因尚未进行工业利用的资源和尚未被看作矿产的、未发现其用途的潜在资源,或虽为传统矿产、但因地理原因极难发现的矿产,如海底矿产、特殊构造带的新类型矿产、尾砂坝型人工矿床、超深度矿产以及矿产资源的综合利用等。矿产资源储量的不断增加和替代用新兴矿产的发现是实现可持续发展的重要保证。随着人类需求的变化和经济技术的不断进步,矿产资源的用途在增加、替代性在增强,因而矿产资源开发利用范围在扩大、可利用储量在增加、生产效率在提高、综合利用率在提高,使得矿产资源这个蓄水池会因为科学技术的进步不断变大。可见,技术的进步使矿产资源的耗竭性不至于成为矿产资源型产业增长的天然障碍。

若把环境作为产业增长的内生变量,可构建一个环保型矿产资源产业增长模型:

$$U(Y,a) = AK_a H_\beta (\mu L)_{1-\alpha-\beta} - C(a) \qquad (4-1)$$

式中:$U(Y,a)$ 为效用函数;Y 为长期的产出增长率;A 为技术进步;K 为物质资本积累;H 为耗竭性资源;L 为人力资本;A、K、

H、L 均为产业增长的内生变量;μ 为每个生产者从事生产所必须的一定比例的时间;$C(a)$ 是环境的负效用或环境的污染成本。$0<\alpha<1, 0<\beta<1, 1-\alpha-\beta>0, C(a)>0, C''(a)>0$。

从式(4-1)可以看出,矿产资源产业在资源环境约束下,要实现产业增长的目标,使效用函数最大化,至少必须注意两个方面的问题:第一,必须充分合理地利用耗竭性资源,在此基础上,使 $AK_{\alpha}H_{\beta}(\mu L)_{1-\alpha-\beta}$ 取得极大值,这是保持矿产资源产业持续增长的前提;第二,必须将环境成本纳入生产函数,体现环境资源的稀缺性,消除其外部性。其中,矿产资源与物质资本、人力资本还具有替代性,环境成本也是一个技术的函数。因此,从模型来看,只要技术进步,矿产资源产业是可持续的。

第二节 自组织机制下矿产资源产业生命周期

一、矿产资源产业演化过程模型

1. 假设条件

假设1:在给定的时间和地域范围内,假定各种要素禀赋包括矿产资源储量、原材料、技术、资本、劳动力和市场规模等一定,受区域资源环境因子域的约束,矿产资源产业的产出水平存在一个范围值 K,其饱和系数记为 k。K 与矿产资源产业系统规模相关,规模越大,则 K 取值也将越大。

假设2:用 N_t、dN_t/dt 表示矿产资源产业在时刻 t 的产出水平及增长率,其产出增长率通常随着规模的提高而降低。矿产资源系统产出增长率不仅与时刻 t 的要素数量、多样化程度及饱和水平有关,而且还与该矿产资源产业的专业化协作程度、技术创新水平、市场规模等密切相关。

假设3:在矿产资源产业系统中,矿产资源禀赋相对集中,相关产业彼此的存在相对聚集,对各方产出水平的增长能够起到促进作用。具体表现为通过外部效益、规模经济、分工和专业化协作等途径引起交易成本的降低、工作效率的提高,以及基础设施的建设、生产服务业的配套引起产业生产运营成本的降低,进而改善区域矿产资源产业发展的条件。

2. 数学模型及推算

根据 Pearl 描述的 S 型曲线的 Logistic 方程,构建矿产资源产业系统演化过程的数学模型:

$$\frac{dN_t}{dt} = r_t \left(\frac{K - N_t}{K}\right) N_t \quad (4-2)$$

对式(4-2)积分得:

$$N_t = \frac{N_0 K e^{r_t t}}{K + N_0(e^{r_t t} - 1)} = \frac{K}{1 + \left(\frac{K - N_0}{N_0}\right) e^{-r_t t}} \quad (4-3)$$

式中: K 表示一段时间和某一地域范围内,在给定各种要素禀赋情况下矿产资源产业的产出极限,矿产资源产业只能在这个阈值区间内发展,参数大小取决于该产业产品需求收入弹性、产品价格等因素; r_t 表示矿产资源产业成长速度系数,它与系统要素投入结构、生产率和投资相对盈利率等因素有关; N_t 为矿产资源产业产出水平,是时间 t 的函数; $(K - N_t)/K$ 是限制因子,又称 Logistic 系数,它随时间的推移而减少,表明矿产资源产业系统演化存在正负反馈机制的非线性关系。

对方程(4-2)求 $N_t \sim t$ 的二阶导数,令 $\frac{d^2 N_t}{dt^2} = 0$,可求得状态演化曲线的拐点。当 $0 < N_t < K$ 时,状态演化方程曲线的拐点

第四章 矿产资源产业演化的路径分析

出现在 $N_t^* = \dfrac{K}{2}$ 处。

继续对方程(4-2)求三阶导数，令 $\dfrac{d^3 N_t}{dt^3} = 0$，得 $N_t^{(1)} = \dfrac{K(3-\sqrt{3})}{6}$, $N_t^{(2)} = \dfrac{K(3+\sqrt{3})}{6}$。

此时成长速度方程有两个拐点 $\left(t_1, \dfrac{Kr}{4}\right)$、$\left(t_2, \dfrac{Kr}{6}\right)$。对应这两点，演化曲线方程(4-3)的状态分别为：$N_t^{(1)} = \dfrac{K(3-\sqrt{3})}{6}$, $N_t^{(2)} = \dfrac{K(3+\sqrt{3})}{6}$。

从而可得矿产资源产业系统演化方程曲线和成长速度曲线，如图4-2和图4-3所示，在一定技术条件下矿产资源产业产出随时间变化呈现S型曲线增长。根据方程(4-2)求导后的结果可以将矿产资源产业演化过程分为四个阶段，分别为起步期、成长期、成熟期和衰退期。

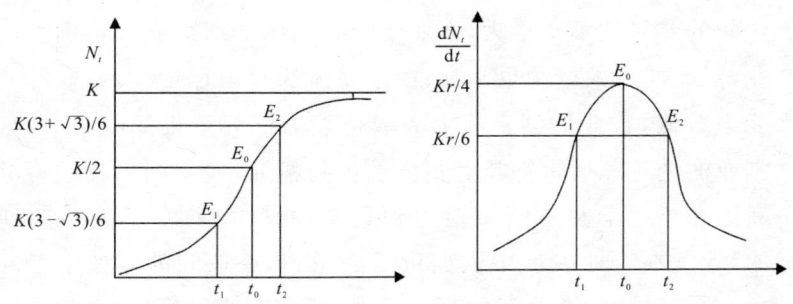

图4-2 矿产资源产业演化状态曲线　　图4-3 矿产资源产业演化速度曲线

二、矿产资源产业生命周期及特征

根据以上分析可以看出,矿产资源产业系统是一个复杂的系统,其演化和发展遵循生态学的基本机制。但矿产资源产业系统的演化比一般生态种群中生物量的增长要复杂,其限制条件和演化机制也复杂得多。在自组织和他组织复合机制的作用下,矿产资源产业系统的发展以分时段、动态性的 Logistic 曲线式增长,演化态势呈现出复杂的行为和轨迹。

产业内企业通过竞争与合作,不断推动产业技术进步,不断延长矿产资源产业的生命周期。按照技术进步水平和类型来分,在产业演化的不同阶段,都有不同的产业共性技术,这种共性技术成为企业生产活动主要使用的通用技术,直接关系产业的整体生产效率。在每一阶段中,根据产业技术离技术空间边界的距离的远近,又可以被分为四个时期,其中每一时期产业的特征如下:

(1)起步期。在此时期,产业技术远离技术空间边界,矿产资源产业系统产出随时间变化呈现缓慢增长;企业的数目不多,企业间的差异性不是很大,产业中尚未出现个别影响力特别强的企业,产业的进入壁垒也不高;由于总体的知识存量少,企业的学习能力较低,企业的创新能力和模仿能力都处于很低的水平;从事创业的企业家通常都具有很强的创新精神,他们利用其独特的判断力在干中学和不断试错中积累知识;学习通常是简单和幼稚的,运气在企业发展中占据重要的位置;企业间的合作水平和竞争水平都较低,企业间的互动通常仅限于空间相邻的局部区域或关系紧密的社会网络。整个产业是由若干个局部区域或企业网络组成的,这些局部区域或企业网络之间的关系是松散的,它们的互动水平和互动频率也较低。产业演化是一个缓慢的自组织过程。

如果社会文化鼓励创新和多样性,则会加快企业和产业发展的速度,并且在今后共同演化过程中逐步打破区域限制,提高互动的范围,促使企业和产业处于不断的发展和扩展中;反之,如果社会文化压制创新和多样性,就会减缓企业和产业发展的速度,甚至,创新的企业可能会夭折,产业在其萌芽中就消亡。

(2)成长期。在此时期,产业技术逐渐成熟,但产业技术离技术空间边界还较远,矿产资源产业产出递增,加速度下降;产业的企业数量将剧增,产业的多样性增强;由于产业已经度过了起步期的不确定性,此时产业的外生风险降低了,这是新企业进入产业的最好时机,当然,较之于起步期,产业的进入壁垒也提高了;产业共性技术进一步成熟,企业的模仿创新进一步增加了专用知识,知识的增长也提高了企业的吸收能力和模仿能力,企业间的互动水平和互动频率提高,知识的外部性、互补性和正反馈性等效应明显增强;由于企业的学习能力增强,企业对于其外生环境的适应能力也提高了。在此阶段,产业作为企业的内生演化环境的重要性更加突出了。同时,由于产业处于多样性增加的阶段,尚未形成选择标准,企业间的竞争也相对平缓,企业可以通过创新弱化各种选择压力。因此,较之于选择环境,产业的知识环境对于企业演化的影响更大。

从总体上看,这是一个合作多于竞争的时期,知识的外部性、互补性和正反馈等效应要比竞争效应更强,企业和产业处于发展最快的时期,这也是外部经济和网络经济(正反馈效应)最为明显的时期,企业间的互动也逐渐从原先的局部互动扩大到更大区域的互动。这也是企业持续快速学习和发挥能动性的时期,企业进入了创新竞赛中,微小的创新也可能在共同演化的作用下迅速放大,并且引起产业的结构性变迁。在产业发展过程中,学习能力在企业间的分布越来越不均衡,企业间的差异性在扩大,一些拥有较高创新能力和模仿能力的企业对产业发展影响较大,但是,由于尚未出现主导性的创新技术,产业中还未出现拥有绝对竞争优势的领导型或主导型企业。

(3)成熟期。随着企业和产业的知识演化,产业技术越来越接近技术空间边界,产业也从企业间的创新竞争中选择出主导的创新技术,产业的增长速度开始递减,且增长动力明显减弱。在此阶段,企业的创新潜力下降,而模仿潜力上升,多数企业都采用模仿行为;企业为了模仿主导型的创新技术会积极增加对通用性知识的投资,通用性知识增长迅速,而专用性知识增长缓慢;产业技术接近于技术空间边界,企业和产业的发展潜力降低了,企业和产业的发展速度变慢,并且强烈地依赖于产业中少数主导型企业;随着知识编码程度的提高,企业间的互动也从局部互动转变成全局互动,通常情况下,企业会更加频繁地与主导型企业进行互动,模仿后者的创新行动;产业的互动模式可能呈现中心和外围的结构,即多数模仿型企业围绕着少数创新型企业。从总体上讲,这是一个竞争大于合作的时期。在此时期,企业的能动性很小,主要受到产业竞争环境的约束。

这也是一个竞争激烈的时期,许多企业可能无法承受环境的竞争压力而退出产业,产业中的企业数目将减少。由于产业中的主导型企业很难从与模仿型企业的互动中获得知识积累,主导型企业通常会设法防止知识外溢,此外,产业的选择力量也很大,这些都提高了产业的进入壁垒。因此,在成熟期,新企业除非具有很强的创新能力,能够扩大技术空间,或者改变产业的技术范式,否则就进入产业衰退期。

第四章 矿产资源产业演化的路径分析

(4)衰退期。若产业技术到了技术空间边界,企业的利润率便停滞或不断下降,产业发展空间逐渐缩小,大量替代品出现,原产业的市场需求开始逐渐减少,产品的销售量也开始下降,某些资源型企业开始向其他更有利可图的产业转移资金,因而矿产资源产业企业数目减少,至此,整个产业便进入了生命周期的最后阶段。当正常利润无法维持或现有投资折旧完毕后,整个产业便逐渐萎缩;若此阶段出现新的重大技术创新,产生新的、更高级的产业共性技术,则产业进入下一轮成长周期。

因此,从长期来看,矿产资源产业系统演化和发展是永无止境的,具体表现为不同的 t 和 N_t 条件下各种可能 Logistic 发展曲线的组合(图 4-4)。从某一特定时期看,因负反馈机制的作用,如区域矿产资源、生态环境、科教水平等制约因子的作用,矿产资源产业系统的发展是有极限的,其极限值分别为 $K(t_1)$,$K(t_2)$,$K(t_3)$,…,$K(t_n)$。每一时期内矿产资源产业系统的发展一般经历起步、成长、成熟和衰退几个时期。当产业极限值临近某一阶段由一系列经济限制因子的阈值及其组合所决定的 $K(t)$ 值后,

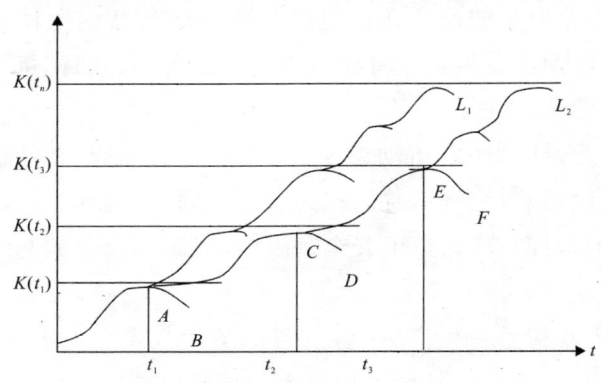

图 4-4 矿产资源产业系统演化轨迹

便达到此期的"饱和"状态。其后在他组织作用下,即政府运用行政、法律等手段,从相对和绝对两个方面放松区域资源、环境、科教等限制因子的阈值,使矿产资源产业系统又有了进一步的发展空间,进入下一个演化阶段。这种过程不断重演,便构成矿产资源产业系统演化和发展的 Logistic 曲线。但是,在每一阶段达到 $K(t)$ 值后若没有有效的手段驱动技术创新,矿产资源产业系统可能沿着图 4-4 中曲线 AB、CD、EF 演化,严重制约矿产资源产业的持续发展。

第三节 矿产资源产业演化的路径选择

一、矿产资源产业演化路径选择机制

1. 矿产资源产业演化路径的价值导向

(1)矿产资源产业演化路径价值导向逻辑分析。企业作为社会经济的基本活动单位,以利润最大化为目标开展相关活动,资源型企业也是如此。在一定的外部环境及其他主体一定的状态下,资源型企业根据自身状态以利益最大化为原则进行决策和行动,如图 4-5 所示。

作为社会经济活动的主体,企业的经济活动利益有经济利益、社会利益,经济利益体现为企业利润,社会利益主要体现为环境保护、资源节约、员工安全。因此,资源型企业的利益评价模型如下:

企业利益＝生产收益＋(资源节约收入－资源节约成本)＋
(环境保护收入－环境保护成本)＋形象收益

正是企业的理性决策行为,决定了资源型产业发展的价值导

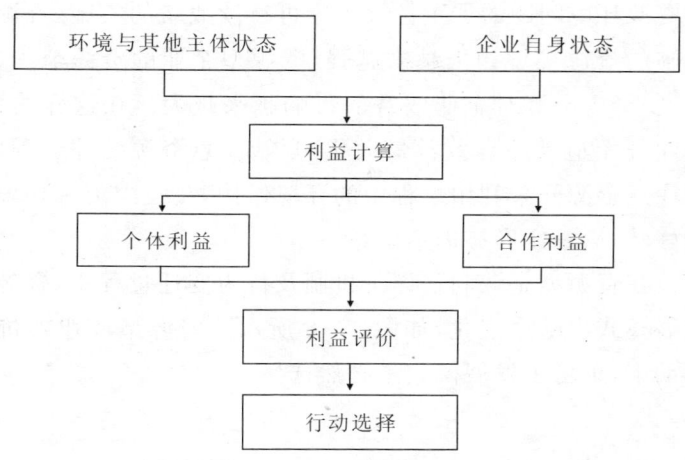

图 4-5 理性企业的决策过程

向。产业是由企业互动生成的,企业微观行为变化通过企业间的互动影响产业宏观演化。企业随着环境的变化,其利益评价机制也在变化,并不断地调整自己的行为。由于资源环境问题的日益紧迫,可持续发展观念受到国家和社会的普遍接受,资源型企业的利益评价呈现动态变化特征,其行为也表现出明显的阶段性:

第一阶段:产量最大化。在计划经济条件下,资源型企业属政府所有,产品统购统销,企业不面向市场,企业目标就是完成国家下达的产量任务。在这种背景下,资源型企业粗放式经营,资源浪费、环境破坏严重。

第二阶段:经济效益最大化。在改革开放以后,企业要面向市场,成为独立的经济主体,利润成为企业追求的基本目标,企业不仅要考虑如何扩大产量,还要考虑如何降低成本。同样,这样的背景下,资源环境、安全问题仍然突出。

第三阶段:综合效益最大化。在 20 世纪 90 年代末,由于我国资源环境问题的严重性及国家可持续战略的实施,资源型企业面临的资源环境约束越来越强,资源型企业的资源节约、环境保护、安全生产等对企业效益的影响越来越大。在这样的背景下,企业开始追求综合效益最大化,开始注意资源的综合利用率,开始注意资源开采利用过程中的环境保护,使我国资源环境问题有所好转,然总体形势仍不乐观。

在资源型企业利益评价机制及行为变迁过程中,资源型产业发展模式也随之变化,如图4-6所示。资源型产业在价值提升驱动下,可持续发展模式是必然选择。

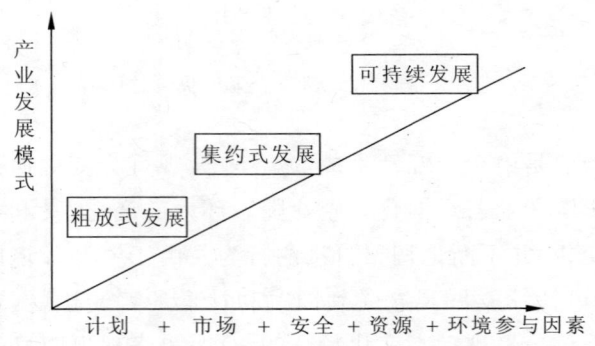

4-6 企业利益评价机制变迁下的资源产业发展模式的演进

由上述分析可以看出,矿产资源产业的演化是微观企业主体行动的结果,微观企业的行为变迁受利益评价机制变迁的影响,因而,产业的变迁亦受企业利益评价机制的影响,在企业利益评价机制变迁的情形下,产业的发展方向及发展模式亦发生改变。

(2)矿产资源产业演化路径价值导向的表现。矿产资源产业演化路径价值导向的基本表现是产业发展模式的变化,具体体现产业链的延伸、产业价值链结构的变化。"价值链"(Value Chain)

是由波特(Porter)于 1985 年首先提出的,他认为,"企业创造价值的过程可以分解为设计、生产、营销、交货以及对产品起辅助作用的一系列互不相同但又相互关联的经济活动,这些经济活动的总和构成了价值链"。建立于价值链概念基础上的产业价值链是指某一行业中从最初原材料到初步加工,再从精加工到最终产品以及到达消费者手中为止的整个过程中价值的分布和关联。从本质上来说,产业价值链是产业内分工发展的结果,由于产业分工与专业化,创造价值的活动由一个企业为主导分离为多个企业活动,这些活动相互连接,从而构成了价值链的上下游关系,形成了产业链。

　　一般来讲,工业活动都是指对于某一环节的产品进行某种形式的加工,这种加工的经济后果是改变了商品形态,提升了商品价值,并随着加工环节的深化,商品价值不断地增值,经济效益不断得到提高。矿产资源产业是由开发利用矿产资源的企业组成,这些企业为了减少经营风险、改善产品结构、充分利用资源、安置相关人员、提高社会经济效益,必然要进行产业链的延伸,这样,企业的经营行为必然导致整个矿产资源产业结构的高级化,即产业链条的延长与产业价值链重心的后移。矿产资源产业由于内在的经济技术联系,对最初的原料和材料进行的逐级加工、深加工和精深加工,其产业经济活动表现为各个经济活动在产业环节上的环环相扣,在形式上形成一条具有内在经济技术联系的产业链条;随着加工和再加工的深化,产业链条沿着产业价值链不断扩展和延伸。同时,矿产资源产业在产业链延伸过程中,通过产业整合,产业结构由低加工度化、低附加值化向高加工度化、高附加值化方面转化,使高附加值的产业成为整个产业链条的中心,实现矿产资源产业组织结构、价值结构、技术结构的优化。

国内外矿产资源各产业链都呈现上述演化特征。如石油产业,从最初的原油到最终炼化产品到达消费者手中,需经过多个环节,基于社会分工的加深和发展,各个生产环节均形成了相对独立的子产业。且石油产业链战略环节不断转移,并呈现出清晰的转移路径:勘探开发—储藏运输—炼制化工。对于煤炭产业,各国实践证明,煤炭矿区产业链结构演变主要体现经济、社会和环境效益的辩证统一,即产业发展是从增加产值到创造价值、从三维分离到三维的统一。对于钢铁产业,中国作为当前世界最大的钢铁产品生产国与钢铁产品消费国,受铁矿石价格大幅上涨的影响最大,拓展钢材深加工是构建我国钢铁产业链的方向。有色金属产业亦然,《有色金属产业调整和振兴规划》指出,有色金属领域应加强技术改造,满足国民经济重点领域高精尖深加工项目所需的高附加值特种材料。

2. 矿产资源产业演化路径的技术导向

(1)矿产资源产业演化路径技术导向逻辑分析。首先,产业技术创新的方向影响产业演化路径。产业演化路径的影响因素很多,总体上而言,影响产业演化路径的外部环境因素有市场、制度和知识三方面(陆瑾,2005),影响产业演化路径的内在因素是产业技术创新,纳尔逊和温特(1982)指出产业演化的过程不仅受到企业进入、退出的影响,而且与企业的创新行为直接有关。产业演化的路径集中体现在产业技术及技术组合上,而技术创新方向受市场、制度、知识的影响,正是技术、市场、制度和知识之间的互动,推动产业不断发展,同时也决定产业演化的路径。

其次,产业技术创新扩散的成败也影响产业演化路径。某企业通过变异或新奇创生机制产生新技术,并运用到生产活动中,若企业经营失败,则创新就可能被扼杀在摇篮之中;若获得成功,

第四章　矿产资源产业演化的路径分析

由于自增强的作用,会产生很好的示范效应、技术溢出效应和先期市场开发效应。其他企业在预期高利润的驱使下,通过模仿、创新进入到这个领域,形成新的产业组织结构。

(2)矿产资源产业演化路径技术导向表现。矿产资源产业面临的制约因素是资源和环境,因此,矿产资源产业技术发展主要集中在资源节约及综合利用和环境保护的相关技术,包括替代技术、再利用技术、减量技术、资源化技术、系统优化技术、延长产业链和相关产业链接技术、"零"排放技术以及降低再利用成本的技术等,可统称为绿色技术。绿色技术创新有助于创新主体在一定时期内掌握并控制资源节约和环境保护的核心技术,获得产品成本和质量控制方面的优势,赢得竞争优势,并在初期处于完全独占性垄断地位,获得超额利润,因而给产业技术结构、组织结构都带来直接影响。另外,绿色技术创新能够带动一批资源新产品、新材料的诞生,推动新兴产业的发展。

例如,石油开采技术的演变对石油产业的影响。在油田开发过程中,通常称利用油藏天然能量开采的采油方式为一次采油,一般采收率仅为 5%～10%。在一次采油后,通过注水或非混相注气提高油层压力并驱替油层中原油的驱油方式称为二次采油,可使采收率提高到 30%～40%。三次采油是指通过注化学物质、注蒸汽、注气(混相)或微生物等,从而改变驱替相和油水界面性质或原油物理性质的采油方式,据研究表明,三次采油技术达到的最终采收率是 50%～60%。三次采油要求更精细地掌握原油在地下油层中的分布,要研究驱油剂与十分复杂的岩石矿物、流体的物理—化学作用,要探索并掌握非牛顿流体多相渗流的基本规律,从而正确合理地进行油田开发部署,包括井网、井距、注采关系、注采工艺、动态监测、相应的地面集输系统和净化处理等,一整套技术都将随着三次采油技术的应用而发生变化。可见,采油技术的发展,不仅对油田开发系统造成影响,对石油资源供应量、后续石油的炼制也造成影响,也对相关的技术、生产服务产生了新的需求,促进了相关生产服务产业的发展。

3. 矿产资源产业演化的路径依赖

(1)矿产资源产业演化的路径依赖逻辑分析。路径依赖是指人类社会中的技术演进或制度变迁均有类似于物理学中的惯性,即一旦进入某一路径就可能对这种路径产生依赖。保罗(1985)认为在正反馈机制作用下,随机的非线性系统可能会受到某种偶然事件的影响,而沿着一条固定的轨迹或路径演化下去,简言之,路径依赖是指系统某一时期的演化方向受到上一时期的演化轨迹的影响。产业演化的路径依赖,主要受技术变迁和制度变迁的影响。阿瑟(1989)系统地阐述了技术变迁中的自我强化机制,认为最终成为主导技术的并不一定是最有效的技术;一旦某一主导技术垄断了市场并且是自动形成的,此时改变它就比较困难。斯诺(1997)认为制度变迁也有自我强化机制,适应一项制度最初需要大量的成本,但随着制度的推行,交易成本就会下降,从而形成企业对某一制度的惯例化接受和传递;当制度给企业带来了巨大的好处时,企业会对之产生强烈而普遍的适应性预期或认同心理,从而导致企业对某一制度的锁定。产业演化也存在一种惯性力量,一旦进入某一路径就可能对这种路径产生依赖,这一路径的既定方向会在以后发展中得到自我强化。因此,产业过去做出的选择决定了产业现在及未来可能的选择。好的路径会对产业演化起到正反馈的效果,产业演化因而进入良性循环;不好的路径会对产业演化起到负反馈的作用,并在惯性作用下产生恶性循环,产业可能会被锁定在某种无效率的状态而停滞不前。

矿产资源产业演化的路径依赖效应,是指矿产资源产业范式长期被锁定在某一条固定的路径中,并通过关联性反应对产业演化带来影响。矿产资源产业演化的路径依赖特征,总体上受到技术变迁和制度变迁的影响,具体而言,矿产资源产业演化的路径依赖受到产业内部的企业组织结构、产业的发展战略、产业的核心竞争力以及产业内部的企业文化等因素的影响。

(2)矿产资源产业演化的路径依赖表现。矿产资源产业演化的路径依赖主要表现在三个方面:一是因范式缺少变革,致使产业停滞或因资源耗竭而衰亡;二是产业发展范式的改变阻力很大;三是范式长期置身于某一固定轨道,如遇外部环境的较大变化,产业难以适应,结果可能导致产业衰亡。具体来说,矿产资源产业演化的路径依赖表现为区域要素禀赋、市场环境、企业素质、行政区划、价值链低端位置、产业升级成本等要素对矿产资源产业范式变迁的影响。

二、我国矿产资源产业发展的基本路径

对我国矿产资源产业而言,产业已经形成并达到相对稳定状态,根据技术及创新的层次、方向不同,其后的演化轨迹可以有五种情形:衰退至消失、渗透技术导入而发展、产业链纵向延伸而发展、产业链横向延伸而发展、找到新兴接替产业而发展。因此,我国矿产资源产业发展可以分成五种模式。五种产业发展模式对比参见表4-1。

(1)渗透技术导入模式,是将渗透技术导入到资源产业中,通过高新技术改造传统的资源生产方式,提高企业生产效率,提高产业资本边际效率,促进资源产业发展。这里的渗透技术是指能与资源产业现有技术高度结合的高新技术:它层次较高,与需求

表 4-1 资源产业发展的五种模式

模式 特征	渗透技术 导入模式	产业链纵向 延伸模式	产业链横向 延伸模式	新兴产业 接续模式	多元复合模式 (可持续发展)
形成诱因	信息技术发展、资源保护政策	企业技术创新、产业分工效应	企业技术创新、产品的新用途	资源耗竭压力	企业技术创新
运行机制	技术改造	工艺创新	产品创新、市场创新	市场选择、政策扶持	企业持续创新
产业特征	高新技术改造、传统产业	产品用途不变、生产迁回	产品用途改变、产生新的产业链	资源产业萎缩、新兴产业产生	创新型地区、加工业发达
企业特征	技术创新能力有限、集约化发展战略	技术创新能力较强、专业化、集群	技术创新能力强、生态工业区集群	技术创新能力强、企业转型	技术创新能力很强
适用情况	粗放式发展地区	技术水平较高地区	技术水平高、市场机制成熟的地区	资源衰竭、市场机制成熟的地区	技术水平高、市场机制成熟的地区

资料来源：谢雄标，严良.西部矿产资源产业演化过程分析.能源技术与管理，2006。

距离较近，需要进一步开发的工作量较小，应用范围广泛。最典型的渗透技术是信息技术。这样的技术在资源勘探、开发和利用中能灵活运用，能使结合后的新的技术体系功能成倍地放大。我国许多资源型企业技术水平落后，粗放式开发、资源浪费现象严重。据有关资料显示，我国共、伴生矿产资源综合利用率不足 20%，矿产资源总回收率约 30%，而国外先进水平均在 50% 以上，差距明显。因此，利用渗透技术，在资源开发利用中提高生产效率、提高资源的综合利用率、增加生产安全性、加强环境保护的空间很大。在资源产业现有技术水平下,以及渗透性技术发展迅速、国家资源环境保护政策驱动下,资源产业走渗透技术导入模式是可行的。该模式主要适用于粗放式发展地区。

(2)产业链纵向延伸模式,是指产业内外企业通过技术创新产生独立技术,使资源开发利用过程中一些生产环节独立出来,进行专业化生产,延长资源产业链。该模式的形成诱因是资源开发利用过程中的工艺创新,具有一定的随意性和偶然性。产业链纵向延伸的主要形式是生产迂回,是在生产最终产品的方向上不断地增加资本品生产的内容,使最终产品的生产在更细致、更复杂、更多层次的产业上进行加工,并由此获得更多效用。生产迂回形成的产业链的延伸,具有分工效应、资本深化效应、推动效应和资源扩展效应。资源产业作为基础产业,一般要经历较多的生产、加工环节,通过生产迂回延长产业链,可以提高资源产业效率,促进产业发展,如钻井、录井、油建、管道运输、物业服务等石油勘探开发过程中的生产环节,现在都已经产业化了,大大提升了石油产业的效率,也促进了这些生产活动的技术进步。产业链纵向延伸,由于产业关联度较高,在空间上往往形成集群。该模式适用于产业技术水平较高的地区。

(3)产业链横向延伸模式,是指产业内外企业通过技术创新产生独立技术,增加资源的新用途,增加资源的最后产品,从而形成新的产业链。该模式的诱因是在资源约束条件下的企业技术创新。当技术创新找到资源的新用途后,在市场机制作用下形成新的产业链。如煤矸石是煤炭生产和加工过程中产生的固体废弃物,每年的排放量相当于当年煤炭产量的10%左右,是目前我国排放量最大的工业固体废弃物之一。随着煤矸石综合利用技术的发展,煤矸石在发电、建材及制品、复垦回填、制取化工产品及复合肥料方面得到利用,形成新的产业链,提高了煤炭资源的综合利用率,保护了环境。产业链的横向延伸,不仅产业关联度高,而且以资源的综合利用和环境保护为基本目标,因此往往以生态工业园的形式集群。该模式适用于技术水平高、市场机制成熟的地区。

(4)新兴产业接替模式,是指在政府的支持下,通过市场机制作用,找到新的接替产业,使资源产业彻底转型。该模式的形成诱因是资源耗竭的压力,当矿产资源快要耗竭时,必须要考虑资源产业接续问题,否则,地区社会经济将受到严重影响。如辽宁省辽源市煤炭工业发展的过程中,积累了开发新材料的潜力和基础,于是把新材料产业作为接替产业,进行经济转型并发展后续产业,取得了明显成效。该模式的实施,需要成熟的市场机制和政府在资源产业转型过程中强有力的政策及援助。该模式适用于矿产资源衰退、市场机制成熟的地区。

(5)多元复合模式。由于具体城市或地区发展水平、技术水平、矿产资源禀赋等的不同及技术创新的"偶然性",也可能形成区域资源产业发展复合模式,即区域资源产业中,部分企业导入渗透技术获得发展,部分企业由于工艺创新而独立出来使产业链延伸,部分企业由于产品创新使产业链横向延伸,部分企业由于投资新兴产业获得成功并良性发展,出现多元化发展的局面。该模式出现的诱因是企业大量的技术创新,由于企业的技术创新活动频繁,技术创新呈现多样化,导致产业多元化。同时,该模式的运行也基于产业内外企业的持续性创新。该模式适用于技术水平高、企业技术创新很强、市场机制成熟且资源产业本身比较发达的地区。

根据矿产资源禀赋、产业技术水平、产业转型成本的不同,五种模式在区域资源产业发展中呈现一定的时间序列,参见图4-7。

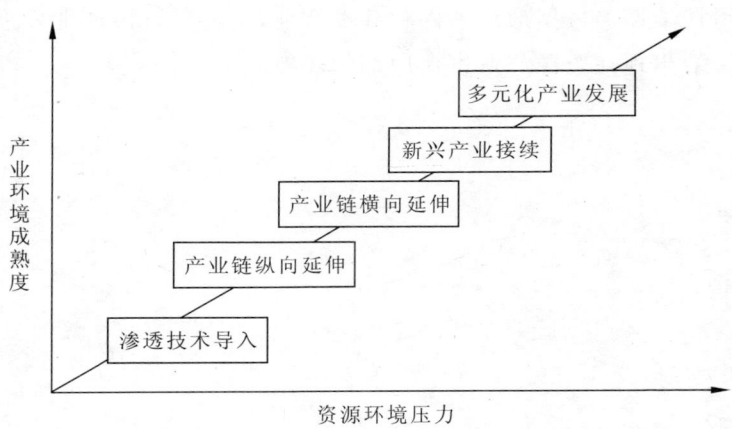

图4-7 区域资源产业发展模式演进

在矿产资源丰富、产业技术水平较低的情况下,渗透性技术导入成本最低,收益也明显,在这种情况下,渗透技术导入模式将是明智选择,这一般在区域资源产业生命周期的成长早期。随着资源储量减少,企业数量的增加(含国外企业进入),产业竞争加剧,推动企业的技术创新,此时的技术创新往往是着眼于流程改善的工艺创新,使一些生产环节得以独立,延长资源产业链,这一般在区域资源产业生命周期的成长后期。随着资源压力的进一步增大,资源综合利用的社会经济收益将大大提高,而产业经过成长期的积累、技术水平的提高和企业创新能力的增强,此时,在资源的综合利用方面的技术创新出现的可能性很大,从而出现新的产业链,这一般在区域资源产业生命周期的成熟期。当资源消耗殆尽,资源压力空前加大,此时资源型企业转产的需求强烈,在企业技术创新和市场创新及政府的援助下,整个产业将转向新兴的接替产业,这一般在区域资源产业生命周期的成熟期晚期或衰退期早期。根据形成条件和基本特征,第五种资源产业发展模式可能出现在资源产业生命周期的成熟期。

第五章 矿产资源产业可持续发展模式及实现机制

本书前面研究了矿产资源产业演化的动力、演化过程及其路径分析,但随着矿产资源产业在我国工业化、城市化进程的作用日益增强,如何实现矿产资源产业可持续发展便成为亟待研究的重要问题。本章首先论证了以技术创新为特征的产业集群是矿产资源产业可持续发展的必然选择,然后对矿产资源产业可持续发展的实现机制进行了系统分析。

第一节 矿产资源产业可持续发展模式

一、资源产业集群简述

关于产业集群目前尚无统一的定义,但产业集群最直观的表现就是产业在地理空间上的聚集。规模经济理论重点研究了集群达到一定规模后出现的整体平均成本下降的现象。经济地理学和新经济地理学则从地理区位的角度来研究产业集群。韦伯探讨了工业区位决定以及促进工业在一定地区聚集的原因。20世纪90年代,美国经济学家克鲁格曼把"规模报酬递增"假设引入空间经济分析当中,研究了产业空间聚集模型并考察了规模报酬递增对制造业区域空间聚集的作用机理。交易费用理论认为产业集群的兴起和增长是企业内部和外部交易成本之间抉择的结果。尽管集群概念及内在的某些机理目前还没有完全统一,但是从研究来看,集群对于区域经济的促进作用以及对产业创新能力的提高已经得到一致认同。赵海东(2007)对产业集群的概念进行了归纳,认为产业集群是产业发展演化过程中的一种地缘现象,即当区域产业生成后,相关企业在该区域聚集,形成完整的价值链条、健全的产业支持体系,通过深度的专业化分工,使得每个企业具有较高的效率,从而使该区域在竞争中取得优势的产业组织形式。

可将资源型产业集群定义为:以自然资源开发利用为基础,以资源生产加工为纽带,具有产业内在联系,且在地域上集中的产业群落。资源型产业集群首先表现为自然资源禀赋地区的集聚,具有明显的自然资源属性。就我国矿产资源丰富的地区而言,尽管存在资源型产业聚集,但往往表现为许多无产业联系的处于产业链前端企业的扎堆,集群内成员之间网络活动关系很差,集群过分表现出专业性的特点。集群内各成员间的关系更多体现在简单的自然资源供求层面上,这种短的供应链限制了与其他产业部门和服务机构间进一步合作关系的扩展。而且由于集群在生态位的高度重叠,使得争夺共同资源的竞争程度激烈,削弱了集群的网络效应和整体竞争优势。此外,我国一些资源产业集群主要依赖于政府主导模式,资源型企业为争取较多的政府支持以及政策信息,企业间、集群间相对封闭,知识流动性较差,对区域其他产业的发展缺乏外溢效应和拉动作用。

二、以技术创新为基础的矿产资源产业集群是必然选择

康胜(2006)通过对产业集群系统优势演进轨迹及其特点的考察,认为产业集群在不同的社会发展阶段,其优势具有不同的

第五章　矿产资源产业可持续发展模式及实现机制

时代特征。提出了产业集群的三种类型：以共享资源禀赋为主导优势的区域自然系统、以企业间分工性协作为主导优势的区域生产系统、以知识学习和协同创新为主导优势的区域创新系统。并指出在信息时代具有竞争优势的产业集群是以知识学习和协同创新为主导优势的区域创新系统。矿产资源产业由于自身的特点，集群化发展是必然途径，然而矿产资源产业集群也有不同的形式，基于矿产资源产业集群的内在关系，矿产资源产业集群也有一个演化过程。

在矿产资源产业集群演化的过程中，要素投入的成本和合作收益发挥着重要作用。资源禀赋是矿产资源产业集群成长的基础，在集群初级阶段，集群内大部分企业主要从事产业前端业务，规模较小、资源利用水平较低、技术创新动力不足、技术层次低下，企业相互间出于成本效益最大化原则，自然资源争夺异常激烈，企业间关联程度不高，合作的范围和空间有限，产业价值链比较短，集群内单一的产业结构仅存在简单的物流供应形式，因此集群内成员的网络活动关系较差，并由此衍生很多环境问题。在集群中级阶段，随着集群内企业密度增加，集群内部企业开始出现分工协作，部分效益好的企业得到其他企业的学习模仿，企业间系统承诺和信任机制开始形成，在矿产资源开采与加工环节也出现了部分创新行为，并能够在集群内部有序扩散和流转，从而整体上提高了集群技术竞争力。在集群的高级阶段，集群与外界的信息交换频率增加，集群内部企业进一步分化，逐渐形成以部分大型企业为核心，大量中小企业围绕核心企业开展竞争合作的生态共生格局，集群内企业对于矿产资源的开发利用趋于理性，并在一定程度上打破了企业间的知识流动壁垒，实现了知识溢出效应，降低了集群内企业的创新成本，提高了创新效率。而且集群产业价值链的延伸,提供了企业间合作的空间和范围。

为了方便分析,假定在矿产资源产业集群演化过程中,存在 A、B 两家资源型企业。用 $R_A(t)$、$R_B(t)$ 分别代表 t 时刻两家企业的经济效益;M_A、M_B 表示企业 A、B 相互独立、技术水平一定、资源要素给定的情况下,两家企业经济效益的最大值,并假设其为常数;r_A、r_B 分别表示企业 A、B 所在行业的平均增长率。于是独立状态下企业 A、B 经济效益的 Logistic 方程为:

$$\dot{R}_A(t) = r_A R_A \left(1 - \frac{R_A}{M_A}\right) \tag{5-1}$$

$$\dot{R}_B(t) = r_B R_B \left(1 - \frac{R_B}{M_B}\right) \tag{5-2}$$

显然 r_A、$r_B > 0$,M_A、$M_B > 0$。

在区域矿产资源开发利用的初期阶段,由于企业规模较小,主要从事矿产资源开采类的前端业务,技术水平相对较低,相互信任机制还没有形成。又由于业务范围的高度重叠,造成相互之间竞争程度较高,合作的机会成本很高。而且他们对资源,包括自然资源、资金、人力、信息等的消耗是竞争性的,因此企业 A 的效益越好,企业 B 的效益增长率就越小,则这种情况下企业 A、B 的经济效益的 Logistic 方程为:

$$\dot{R}_A(t) = r_A R_A \left(1 - \frac{R_A}{M_A} - \sigma_A \frac{R_B}{M_B}\right) \tag{5-3}$$

$$\dot{R}_B(t) = r_B R_B \left(1 - \frac{R_B}{M_B} - \sigma_B \frac{R_A}{M_A}\right) \tag{5-4}$$

式中:σ_A、σ_B 表示企业 A、B 相互竞争的一个指标($\sigma_A > 0$、$\sigma_B > 0$),σ_A 越大表示企业 B 对企业 A 的竞争威胁越大,σ_B 越大表示企业 A 对企业 B 的竞争威胁越大。同时这种竞争压力对于企业双方也有促进作用。

令式(5-3)和式(5-4)为 0,得到四个平衡点 $(M_A,0)$, $(0,M_B)$, $(0,0)$, $\left[\dfrac{M_A(1-\sigma_A)}{1-\sigma_A\sigma_B}, \dfrac{M_B(1-\sigma_B)}{1-\sigma_A\sigma_B}\right]$。可以得出,区域矿产资源产业初级阶段的表现为:企业之间的竞争存在,但不是很激烈,即 σ_A、$\sigma_B < 1$。在稳定平衡点,两家企业的经济效益分别为 $\dfrac{M_A(1-\sigma_A)}{1-\sigma_A\sigma_B} < M_A$,$\dfrac{M_B(1-\sigma_B)}{1-\sigma_A\sigma_B} < M_B$,说明在 σ_A、$\sigma_B < 1$ 时,由于集群内企业规模本身较小,企业间合作也不多,企业间的信任关系还没有建立。仅仅由于资源禀赋才使企业相对集中于某一地区,集群的协同效应并没得到发挥。

随着资源开发程度的提高,集群内外联系增多,围绕矿产资源开发利用而产生产业价值链的延伸,派生出相关产业。同时,在集群内部也出现了分化,部分企业发展壮大成为支柱企业,部分企业由于种种原因逐渐衰退而迁出集群,集群外的其他企业由于集群经济的吸引而大量迁入集群。此时企业 A、B 经济效益的 Logistic 方程为:

$$\dot{R}_A(t) = r_A R_A \left(1 - \frac{R_A}{M_A} + \sigma_A \frac{R_B}{M_B}\right) \qquad (5-5)$$

$$\dot{R}_B(t) = r_B R_B \left(1 - \frac{R_B}{M_B} + \sigma_B \frac{R_A}{M_A}\right) \qquad (5-6)$$

求其稳定解得到两个平衡点 $(0,0)$, $\left[\dfrac{M_A(1+\sigma_A)}{1-\sigma_A\sigma_B}, \dfrac{M_B(1+\sigma_B)}{1-\sigma_A\sigma_B}\right]$。显然,在稳定平衡点,两家企业的经济效益分别为:$\dfrac{M_A(1+\sigma_A)}{1-\sigma_A\sigma_B} > M_A$,$\dfrac{M_B(1+\sigma_B)}{1-\sigma_A\sigma_B} > M_B$,集群中两家企业的经济效益均大于他们独立经营条件下的最大经济效益,这时通过企业间合作真正形成了产业集群,拥有了非集群企业无法比拟的竞争优

势。

在矿产资源产业集群发展的高级阶段,集群内部出现以部分大型企业为核心,大量中小企业围绕大型企业开展合作竞争的生态共生格局,大型资源类企业的技术能力达到更高水平,企业间的合作形式更加多样化,合作稳定性增强,合作范围更加广泛,合作创新机制更加成熟。这种形式的集群更加深化了集群内部企业的专业化分工,且使得企业在交互过程中自觉不自觉地进行着"知识"流转活动,加强了大中小企业的功能协调,加快了技术创新与进步的速度,使矿产资源产业可持续发展成为可能。

我们定义大型企业为核心企业,在集群中占有主导地位,其他大量中小企业围绕核心企业开展合作与竞争,其往往受制于核心企业,处于附属地位。因此,核心企业 A、附属企业 B 的经济效益的 Logistic 方程为:

$$\dot{R}_A(t) = r_A R_A \left(1 - \frac{R_A}{M_A} + \sigma_A \frac{R_B}{M_B}\right) \tag{5-7}$$

$$\dot{R}_B(t) = r_B R_B \left(1 - \frac{R_B}{M_B} + \sigma_B \frac{R_A}{M_A}\right) \tag{5-8}$$

式中:核心企业对处于从属地位的中小企业的影响较中小企业对核心企业的影响要大得多,即 σ_B 远大于 σ_A。

令式(5-7)和式(5-8)分别为 0,得到 (0,0),$\left[\frac{M_A(1+\sigma_A)}{1-\sigma_A\sigma_B}, \frac{M_B(1+\sigma_B)}{1-\sigma_A\sigma_B}\right]$ 两个平衡点。如上述分析过程,可得:当 $\sigma_B < 1, \sigma_A < 1$,且 σ_B 远大于 $\sigma_A, \sigma_A\sigma_B < 1$ 时,稳定平衡点为 $\left[\frac{M_A(1+\sigma_A)}{1-\sigma_A\sigma_B}, \frac{M_B(1+\sigma_B)}{1-\sigma_A\sigma_B}\right]$。在稳定点,核心企业的经济效益为 $\frac{M_A(1+\sigma_A)}{1-\sigma_A\sigma_B}$,从属的中小企业经济效益为 $\frac{M_B(1+\sigma_B)}{1-\sigma_A\sigma_B}$,这时由于

σ_B 远大于 σ_A，处于附属地位的中小企业此时获得的经济效益不仅比它独立经营时经济效益要大，而且比处于有组织的产业集群时能获得更多经济效益；同时核心企业的经济效益也比独立经营状态下大。

三、创新型矿产资源产业集群的基本特征

从上述分析可见，技术创新型产业集群是矿产资源产业可持续发展的必然选择，也是矿产资源产业可持续发展的唯一模式。只有利用这种模式才能真正解决矿产资源产业所面临的资源环境问题，才能实现产业转型与升级目标，才能更好地促进地区社会经济的发展，从而实现矿产资源产业的可持续发展。这种模式的基本特征有：

(1) 以技术创新为基础。在依托矿产资源形成的产业集群中，技术创新成为了集群内企业的重要活动，知识在集群内不断创新与扩散，使集群内企业能很好地解决企业生产经营活动过程中的各种问题，不断提高集群内企业的经济效益、技术水平及整体的市场竞争力。

(2) 以优化价值链为手段。矿产资源产业集群的形成与发展依托的是矿产资源，因此，矿产资源产业集群在发展过程中必然随着新技术的不断产生与应用而调整集群内产业价值链的结构，体现为产业链的横向和纵向延伸，产业价值链向深加工方向发展，从而使集群内企业获得更多的效益、更长久的发展。

(3) 以循环经济为基本形式。循环经济是从输入端、生产过程和输出端对生产和消费进行控制，实现资源消耗低、环境污染小的经济模式，与矿产资源产业发展的目标具有一致性。通过循环经济，建立企业间共生发展的技术经济关系，形成以资源环境

保护为目的的新型产业组织形式,最终实现经济增长、资源供给和生态环境的均衡。

第二节 矿产资源产业可持续发展模式的实现机制

根据矿产资源产业演化动力机制及高级矿产资源产业集群特征研究,我们可以从产业系统内部、内外交互作用两个方面构建矿产资源产业可持续发展机制。产业系统内部要建立产业绿色技术的形成机制、产业共生机制;产业系统内外交互作用方面要建立矿产资源产业与生产服务业、高技术制造业的联动机制和政府作用机制。具体分析如下。

一、产业绿色技术创新机制

1. 产业绿色技术的形成机制

绿色技术(Green Technology)最早由 Brawn 和 Wield 于 1994 年提出,它以技术应重视环境保护为理念,几乎涵盖了所有与环境相关的技术。现在一般是对减少环境污染,减少自然资源、原材料和能源使用的技术、工艺的总称。矿产资源产业可持续发展是受资源环境约束的,以技术创新为基础的矿产资源产业集群的形成与发展,核心要素是绿色技术,如清洁生产技术、废物资源回收和交换利用技术、资源替代技术等。因此,绿色技术创新与扩散成为矿产资源产业集群生存和发展的关键。

然而由于技术、制度、文化等方面存在路径依赖特征,矿产资源产业绿色技术的创新产生及推广普及不是一蹴而就的,而是在资源型企业间的互动过程中在一定条件下才形成的。有关研究表明,绿色技术创新的收益、成本、风险是企业绿色技术创新行为

第五章　矿产资源产业可持续发展模式及实现机制

的决定因素,企业是否选择绿色技术及进行绿色技术创新活动,一方面看其收益与成本,另一方面看其他企业是否也采取相同的行为。若企业都进行绿色技术的采用与创新行为,可实现博弈过程的双赢,获得更多收益。下面对微生物采油技术的创新与推广过程进行案例分析,进一步阐述绿色技术形成和扩散的基本特征。

微生物采油技术是利用微生物(主要是细菌)或其代谢产物提高原油产量和采收率的技术。目前,微生物采油技术的工艺技术有微生物单井吞吐、微生物驱油、内源微生物驱油、微生物清防蜡和微生物封堵等。

微生物采油技术已经走过了近半个世纪的历程,然而并没有在世界范围内形成大规模的应用。究其原因有:一是化学驱、气驱和热力等提高采收率技术发展迅速,使得各石油国把主要精力放到这几项技术的研究上,而在微生物采油技术方面的投入要少很多;二是微生物采油机理复杂,还有许多机理没有研究清楚,技术工艺上也存在许多不足。尽管如此,由于前期的研究和试验证明了微生物采油技术具有成本低、适应性广和环保等诸多优势,因此,在最近十几年,微生物采油技术发展速度明显加快。目前,美国、俄罗斯、英国、加拿大和挪威等国非常重视该项技术的研究,正在不断增加研究投入。

我国微生物采油技术研究起步较晚,"九五"期间,科技部开始重视微生物采油技术的发展,在国家重点科技攻关项目"复合驱成套技术研究及矿场试验"中开设专题"微生物驱油探索研究",由大庆、胜利和大港油田共同承担,在菌种筛选和现场试验等方面进行了探索研究。由于微生物采油机理复杂,学科交叉跨度大,中科院微生物所、中石油勘探开发研究院廊坊分院、华东理工大学等高校和科研院所积极参与,大庆和胜利油田建立了石油微生物专业实验室,通过多方努力,微生物采油基础研究取得了重大进展。目前,我国微生物采油技术已基本接近世界水平。

我国微生物采油技术虽取得一定进展,但仍存在一些问题,如对微生物采油主要机理研究不够;微生物采油技术与油藏工程结合不够紧密;微生物采油现场工艺优化难度大;综合措施配套不足;对微生物采油技术的认识不足和重视程度不高。这些问题的存在使得微生物采油技术的推广受到了一定的影响。目前,科技部正在组织中国石油和中国石化开展联合攻关研究,计划通过"十二五"的研究实现微生物采油技术的工业化。此外,微生物在整个石油领域的应用研究也在不断扩大,微生物处理油田污水技术、微生物勘探技术和微生物腐蚀的防治技术也正在快速发展。随着石油微生物技术不断发展突破,在油田开发过程中将发挥越来越重要的作用。

通过对微生物采油技术发展历程及现状分析,我们可以得出下列启示:

(1)绿色技术产生的经济效益是绿色技术创新与扩散的前提。微生物采油技术能使原油的采收率从30%提高到40%,给石油企业带来了巨大的经济效益,使企业有动力去研究并采用该技术。企业是以利润最大化为目标的经济组织,绿色技术产生经济效益的示范作用,对绿色技术进一步成熟与扩散有重要影响。

(2)对技术的认识及采取的策略很重要。微生物采油技术的扩散之所以相对比较慢,很大程度上与认识不到位和策略不当有关,技术扩散的主要动因是效益,由于认识不到位,对新技术置之不理或操之过急,都必然影响技术的实施效果,进而对新技术的扩散造成负面影响。可见,绿色技术的创新和扩散与对该技术的

第五章　矿产资源产业可持续发展模式及实现机制

认识和策略密不可分。

（3）绿色技术的创新与扩散，政府和行业组织有重要的作用。微生物采油技术在世界的推广，离不开各国政府和石油行业相关组织的努力，特别在我国表现非常明显。绿色技术的扩散过程也是绿色技术进一步创新与成熟的过程，由于绿色技术的推广与成熟要解决关键的技术和配套技术，需要企业之间的合作，而企业合作过程中面临的资金、信息、风险等问题需要相关组织给予支持，因此，在绿色技术的创新与扩散过程中，政府和行业组织要积极发挥作用。

2. 产业绿色技术创新的驱动手段

根据上述对矿产资源产业绿色技术形成机制的分析可知，要发展产业绿色技术，主要还是使资源环境外部效应内部化，改变企业的收益与成本结构，进而依靠市场机制，促进企业开展绿色技术创新活动。此外，政府和相关组织也非常重要，除了在资金、信息、风险等方面要给企业一定的支持外，还要在绿色技术的宣传、教育方面做一些工作。具体如下：

（1）企业进行绿色技术创新的动力机制是企业采取行动所获得的收益，具体表现为节约矿产资源的价值和因保护资源环境而提升企业形象所带来的收益。因此，政府要在增加企业采取绿色技术的收益方面下功夫，增强企业采取绿色技术行为的动力，强化企业资源环境保护行为。结合我国具体情况，我们需要从两方面着手：一方面，鉴于我国矿产品价格较低，我国要进一步完善矿产资源价格形成机制，提高企业节约矿产资源的价值；另一方面，要加强消费者企业社会责任教育，建立企业社会责任信息显示系统，使社会对在资源环境保护方面作出贡献的企业及其产品形成偏爱，使资源环境保护行为能转化成市场效力，增加企业保护资源环境的间接收益。

(2)企业的绿色技术创新行为的制约因素是投入高和风险大,而资源环境具有明显的外部性,因此需要政府干预。政府可以采取对企业在资源利用效率方面所开展的活动进行一定的补贴或其他形式的专项资助,如对开发利用中综合利用废气、废物的产品免征增值税;对达到降耗标准的企业给予税收优惠;对资金比较缺乏的企业给予低息贷款,解决企业绿色技术创新的资金问题。同时,对于资源开发利用方面的重大科技问题,可以由政府相关主管部门组织科研机构、企业共同进行攻关,降低企业进行相关科技活动的风险。

(3)政府要在进行绿色技术创新的企业中重点扶持一批大型企业,使他们在资源利用率提高方面积极行动并获得成功,从而产生很好的示范效应和技术扩散效应,有效推动企业在绿色技术采用和创新方面从不积极朝积极方向转化,并提高这种转化速度,形成绿色技术协同创新的局面。

二、产业共生机制

Ehrenfeld 和 Gertler 创建了产业共生(Industrial Symbiosis)理论,提出了"产业生态系统"和"产业共生"的概念,认为企业间可相互利用废物,以降低环境的负荷和废物的处理费用,建立一个产业共生循环系统。Lowe 和 Ernest 认为,产业生态是一个自然与区域经济系统及当地生物圈密切联系的服务系统,其理论核心是以经济、文化和技术的发展为前提,积极促进环境负荷的评估及负荷最低化,并强调产业与环境间的相互作用。可见,产业共生是指通过不同企业间的长期互惠合作,共同提高企业的生存能力和获利能力;同时通过这种共生实现对企业间物质、能源、水

第五章 矿产资源产业可持续发展模式及实现机制

和副产品的物理交换,实现资源的节约和环境保护。

矿产资源产业在开采和加工过程中,会产生大量的副产品和废水、废气、废渣等,对副产品的再加工利用、"三废"的处理一方面是企业承担保护资源环境的社会责任的客观要求,另一方面是企业生存发展的需要。矿产资源产业共生,就是以矿产资源的充分利用和环境保护为基本目标,以矿产资源开发、利用过程中物质循环和能源循环为基本特征,各环节不同产业类型的企业之间密切合作,发挥各自比较优势,在市场竞争中获得共同发展,形成产业共生系统,从而提高矿产资源产业集群的竞争力。矿产资源产业集群发展是矿产资源产业共生发展的基本组织形式,其可持续发展必须要建立产业共生机制,加强集群内企业的长期合作,提高资源利用效率和环境保护水平。

矿产资源产业共生的基本形式是循环生态工业园。对生态工业园的研究起步于 20 世纪 90 年代后期,Rasmussen 以丹麦卡伦堡的工业共生体系为研究对象,探讨了在一定区域不同产业间共享资源和互换副产品的产业共生组合,如图 5-1 所示,这一产业共生体系不仅实现了资源的综合利用和环境保护,同时保障了经济个体的经济效益目标,实现了经济与环境的双赢。

我国在矿产资源产业共生方面也开展了一些实践,如山东鲁北工业园就是一个成功的例子。鲁北集团的共生体系中有三条产业链:热电厂利用海水产业链中的海水替代淡水进行冷却,既利用余热蒸发了海水,又节约了淡水;磷铵、硫酸、水泥产业链中的液体 SO_2 用于海水产业链中的溴素厂提溴,硫元素转化成盐石膏返回用来生产水泥和硫酸;热电厂的煤渣用作水泥的原料,热电生产的电和蒸汽用于各个产业链的生产过程;海水产业链氯碱厂生产的氢气用于磷铵、硫酸、水泥产业链中的合成氨生产,海水

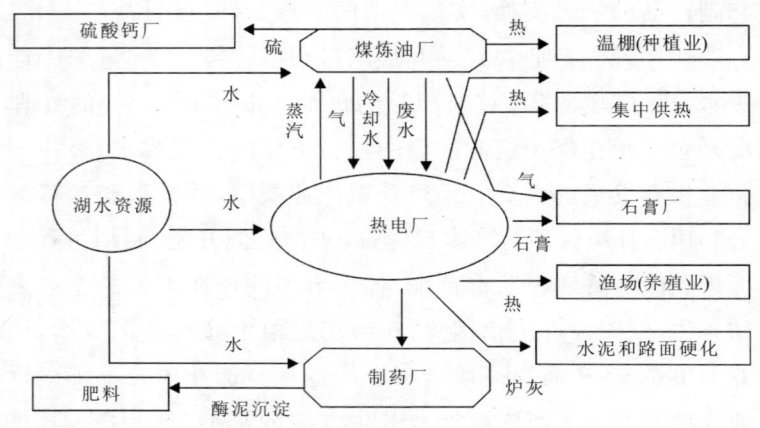

图 5-1 卡伦堡产业共生体系

产业链的钾盐产品用于复合肥生产。各个产业链内部和产业链之间建立了良性的共生关系,系统中共生关系总数达 17 个。鲁北集团的生态工业发展模式实现了资源的有效整合,主要产品的成本被降低了 30%~50%,磷矿石的原子利用率达 97.7%,清洁能源利用率达 85.9%,对企业年总产值的增长贡献率达 40%,综合贡献率远远高出丹麦卡伦堡生态工业园[①]。

可见,只要善于将不同的产品依照其内在的联系,实施科学有机地排列组合;善于对关键环节技术进行联合攻关;善于集成思维和集成创新,矿产资源集中区各产业链相互关联形成一个完整的工业系统是可以实现的。具体来说,矿产资源产业集群形成产业共生,下面几方面很重要:

(1)要做好园区规划。通过规划,明确在集群内各企业之间

---

① 鲁北生态工业园综合贡献率高出丹麦卡伦堡生态工业园. http://www.cnpec.net/news/Article/Park/200708/2109.html。

技术经济联系和布局,明确集群技术发展方向,使各类企业能在规划的指导下决策,从而使集群内企业的技术结构、产业分工、布局等处于一种较优的、有序的状态。

(2)要对关键技术组织攻关。在产业共生的形成过程中,技术联系是前提,发展产业共生循环经济的基础、核心要素是相关技术。然而,在资源的利用、副产品的处理过程中,往往受到技术的制约,因而,为了使集群内企业之间按循环经济模式进行生产活动,构建闭环的产业链,必须要对相关技术进行攻关。

(3)要有合适的政策及管理手段。良好的政策环境是产业共生循环经济健康稳定运行的重要基础,政府要针对产业共生网络体系发展的实际情况,制定有关制度,规范共生企业的行为,鼓励诚信合作,促进培育共同的组织文化,并吸引所需要产业类型的企业进入产业共生体系,增加产业生态系统的复杂程度,从而实现产业共生网络的安全和可持续发展。此外,在产业共生循环经济运行的过程中,政府要积极协调网络企业间的各种矛盾和冲突,维护诚实守信企业的利益,保持公正性。

三、产业间联动机制

1. 矿产资源产业与生产服务业、高技术产业的技术经济联系

矿产资源产业是典型的上游产业,资源产品作为中间需求的投资品,受制于下游产业的发展状况,受制于最终消费的层次和数量。因此,除了以资源利用和环境保护为基本目标构建产业生态系统外,矿产资源产业还需要与相关产业加强合作,建立矿产资源产业生态系统与外界的互动,不能局限于资源型经济体系的内部再生产循环,必须与相关产业形成产业联动机制,协同发展,否则,不能实现资本与技术的递进性积累,从而难以持续发展。

与矿产资源产业协同发展的产业主要包括高技术制造业和生产服务业,如图 5-2 所示。

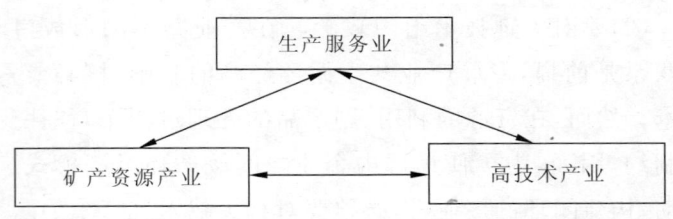

图 5-2　矿产资源产业与生产服务业、高技术产业的互动关系

高技术产业没有明确的定义,国内文献基本上把高技术制造业与高新技术产业等同,本书把高技术制造业定义为技术含量高、为消费者提供最终产品和为组织提供相应设备仪器的制造企业的综合,具体来说,包括医药制造业、通用设备制造业、专用设备制造业、交通运输设备制造业、电气机械及器材制造业、通信设备、计算机及其他电子设备制造业、仪器仪表及文化办公用品机械制造业等产业。高技术制造业对原材料等中间产品需求的提高,促进了矿产资源产业技术创新,从而开发生产品种更多、质量更好的新材料,促进矿产资源产业的发展;同时,高技术制造业的发展,为矿产资源产业技术装备水平的提升创造了条件,也促进了矿产资源产业的发展。反过来,矿产资源产业的发展,能促进开发、生产出更好的新材料,为高技术制造业技术创新、产品质量提升创造更好的条件,从而促进高技术制造业的发展。

生产服务业的概念在学界已经得到广泛认可,是指生产者(企业)提供中间服务的企业集合,生产服务业提供的服务范围很广,包括金融、保险、储运、电信和其他专业(如广告和市场研究、会计服务、法律服务、技术服务等)。生产服务业与矿产资源产业的关系具体表现在:一方面,很多生产服务业依赖矿产资源产业的发展而发展。生产服务业的活动大多数是产品生产的辅助性活动,其产出的很大比例是用于制造业部门生产的中间需求,没有制造业的发展,它就失去了需求的来源。另一方面,矿产资源产业的良性发展离不开生产服务业的有力支撑。许多生产服务部门,如金融、保险、电信、会计、法律、技术服务、咨询、研究与发展(R&D)、物流等,都是支持矿产资源产业发展的重要部门,有效率的生产服务是矿产资源产业提高劳动生产率、增强产品竞争力的前提和保障。

2.矿产资源产业与生产服务业、高技术产业关系的实证分析

下面对矿产资源产业与生产服务业、高技术产业之间的关系进行简单的实证分析。矿产资源产业工业产值、高技术产业工业增加值、生产服务业增加值见表5-1。经过 Eviews 5.0 软件计算,得出矿产资源产业工业产值与生产服务业增加值、高技术产业工业增加值的相关系数,见表5-2。

从表5-2中可以清晰看到,矿产资源产业与生产服务业、高技术产业具有高度相关性。此外,从产业技术经济关联性还可以分析,根据产业链位置的不同,矿产资源产业与高技术制造业、生产服务业之间除了互动关系外,还体现出高技术制造业对矿产资源产业主要是拉动作用,生产服务业对矿产资源产业主要是推动作用。

3.产业间联动机制的构建

矿产资源产业与生产服务业、高技术产业的联动机制是建立在产业间的技术经济联系基础上的,矿产资源产业的发展需要生产服务业提供相应的生产、技术、金融、物流等方面的服务,从而

表 5-1 2000—2011 年矿产资源产业工业产值与生产服务业增加值、高技术产业工业增加值 （单位：亿元）

年份	矿产资源产业工业产值	生产服务业增加值	高技术产业工业增加值
2000	18 718.78	15 025.0	2 759
2001	20 426.16	16 542.5	3 095
2002	22 155.55	18 312.5	3 769
2003	32 026.63	20 766.4	5 034
2004	36 353.2	23 320.7	6 341
2005	60 659.26	26 873.9	8 128
2006	76 578.04	32 441.2	10 056
2007	96 669.24	41 780.3	11 621
2008	125 480.1	48 687.1	13 169.3
2009	197 181.84	53 571.5	18 928.2
2010	256 616.1	62 416.6	49 879.19
2011	322 956.3		39 587.39

资料来源：根据《中国工业经济统计年鉴》(2001—2012)、《中国第三产业统计年鉴》(2001—2012)、《中国科技统计年鉴》(2001—2012)计算整理；其中，生产服务业增加值 2000—2003 根据当年第三产业增长率倒算得来。

表 5-2 矿产资源产业与生产服务业、高技术产业相关系数

产业名称	矿产资源产业	生产服务业	高技术产业
矿产资源产业	1.000 000	0.968 171	0.920 529
生产服务业	0.968 171	1.000 000	0.844 423
高技术产业	0.920 529	0.844 423	1.000 000

提高产业的生产效率；矿产资源产业也需要高技术制造业创造新的需求，提供新的技术。一般来讲，高技术的产生与发展的主要驱动力是市场需求，而高技术制造业对市场需求的变化反应非常敏感，高技术制造业的发展为矿产资源产业的产品结构调整、产业装备水平的提高提供了契机和要求。因此，矿产资源产业与生产服务业、高技术制造业的联动机制构建主要从以下两方面进行：

一是强化技术经济联系，建立产业链耦合关系。产业链耦合是指产业之间、各自耦合元素之间相互作用、彼此影响并对产业结构或者规模产生根本的扩散效应的现象。市场与产业联动发展是经济的一个显著特征，而在资源的稀缺性和要素禀赋不均衡的约束条件下，成熟的产业链耦合关系对于区域的发展具有强大的推动作用。矿产资源产业与生产服务业、高技术产业之间存在着复杂的价值和功能联系，无论是高技术制造业拉动矿产资源产业，还是生产服务业推动矿产资源产业，他们三者之间都会行形成互为依托、联动发展的格局。因此，矿产资源产业与生产服务业、高技术制造业的联动发展，关键是强化彼此之间的技术经济关系，建立产业链耦合，形成产业间的联动机制。

二是加强合作，建立相关企业之间的战略联盟，降低交易成本。在威廉姆森（Williamson）的交易费用理论中，依据生产过程的供应链或者价值链上交易对象的资产专用性、交易的频率以及交易的不确定性，将企业之间的关系划分为市场关系、合同关系、联盟关系和一体化关系。而企业间战略联盟指的就是利用外部资源培养和利用核心竞争力的有效途径，是无序竞争最后胜出的形式。战略联盟不仅包括了股权合资企业，还包含了涉及到生产、营销、分销、R&D的非股权协议。战略联盟可以为合作方提供其他机制所不具备的显著优势：协同性；提高运作速度；分担风险；加强合作者之间的技术交流；获得重要市场情报；营销领域向纵向或横向扩大等。一旦战略联盟管理有方，合作双方将比单方自行发展具有更广阔的战略灵活性，最终达到合作双方的双赢。矿产资源型企业通过与生产服务企业、高技术企业建立战略联盟，围绕市场需求的变化和提高，在建立有效的知识、信息、市场之间协同机制下获得共同发展。

四、政府的作用机制

前面几种机制都是研究矿产资源产业系统内外部各相关企业在自组织机制的作用下，自觉建立并调节企业间技术经济关系，以追求企业利益最大化和产业系统协调发展的机制。矿产资源产业可持续发展除了上述的自组织机制外，还离不开政府的作用。

矿产资源产业发展的过程中，由于垄断、外部效应、公共产品和信息不对称等因素的存在，可能导致市场失灵，使上述的自组织机制不能很好地发挥作用，阻碍矿产资源产业的可持续发展。如矿产资源产业的发展面临资源环境的制约，但是，资源的节约与保护需要开采、回收、利用的技术创新，环境的保护具有外部性和政府监管的信息不对称特征，诚如前面绿色技术的形成与扩散机制分析，没有政府的作用，企业不可能自发地积极开展资源保护、技术创新的活动，也不可能自觉开展矿产资源开发利用中的环境保护。再如，矿产资源产业共生形成矿产资源产业生态园的过程中，关键技术的攻关、企业生产组织形式的调整也需要政府提供资金、信息的支持。

此外，矿产资源产业大多数聚集在市场经济不成熟的欠发达

第五章 矿产资源产业可持续发展模式及实现机制

地区,市场机制作用有限,产业自组织发展的一些初始条件,包括物质资本的积累、人力资源水平、对先进技术的吸收消化能力、对先进管理学习和移植的能力等方面存在天然的不足,客观上要求政府及相关部门发挥职能,运用各种手段来影响各类要素的投入和配置,增强各产业之间的相互联动,节约交易费用,提高资源配置效率,加快矿产资源产业的集群发展。

矿业企业之间在技术创新方面的合作是一个博弈过程,因而合作企业之间必须建立良好的合作机制,形成一种相互信任的氛围,否则合作就无法进行下去。总体来说,合作中要建立保障公平与效率的机制,具体来说,要建立双赢的利益分享机制、信息沟通及协调机制、法律政策的保障机制,使双方有强烈的合作意愿,有良好的合作行为,有满意的合作效果。需要强调的是,一些矿产资源开发技术在国民经济中具有战略意义,因此政府在资源型企业的合作机制中也扮演着重要的角色,政府要为国内企业、国外企业提供相应的优惠政策、优质服务及法律保障,还要利用各种手段与相关政府、企业协调,在合作的驱动、保障方面发挥必要作用。

具体来说,基于矿产资源产业发展的市场失灵,政府作用的主要体现如表5-3所示。

表 5-3 市场失灵的政策反应

市场失灵	政策反应
市场功能无效率	竞争政策和规章制度的改革
信息失灵	技术预见
	战略市场信息和战略研究
创新系统中参与者交互作用有限	经纪人和网络中介
	提供建设性对话平台
	促进网络中合作
	区域核心集团对话
	区域集群计划
创新的资金和信息有限	补贴或共同投资
	刺激跨部门的技术扩散
	支持供应商—生产者网络
	围绕新兴技术的研究中心
公共知识基础设施与市场信息的制度不对称	联合产业与研究中心
	促进产业与研究机构合作
	人力资源开发
	技术项目转移
目标消费者的缺乏	公共采购政策

资料来源：根据赵海错东.资源型产业集群与中国西部经济发展研究.北京：经济科学出版社，2007 整理。

第六章　西部地区矿产资源产业演化与可持续发展之实例分析

　　矿产资源产业是西部地区优势产业,其科学发展对增强西部地区自我发展能力和经济实力有重大意义,同时,西部地区是我国重要的资源基地,西部矿产资源产业的发展直接影响全国经济的持续增长和国家安全,而西部地区矿产资源产业的粗放式发展,导致资源耗竭、环境恶化,并且陷入"资源诅咒"窘境,因此,西部矿产资源产业如何转型升级、科学发展是我国社会经济可持续发展迫切需要解决的重大战略问题。本章将在矿产资源产业演化机理分析的基础上,对西部矿产资源产业发展历程和演化特征进行系统分析,并在对现状及存在问题分析的基础上,提出西部矿产资源产业可持续发展的政策建议。

第一节　西部地区矿产资源概况

　　中国西部地区包括四川、重庆、贵州、云南、广西、西藏、陕西、甘肃、青海、宁夏、新疆、内蒙古12个省、直辖市(自治区),其土地面积达540万平方千米,占全国国土面积的56%;目前人口约为2.87亿,占全国人口总数的23%。西部地区矿产资源储量十分可观。据中国地质调查局掌握的资料,截至2006年底,我国已发现的172种矿产在西部均有发现,在全国探明储量的156种矿产资源中,西部有138种,主要以能源、有色金属、重化工非金属矿产资源为主。具有开发优势的矿产资源有石油、天然气、煤、锰、铬、钒、钛、铜、铅、锌、镍、钴、锡、汞、锑、稀土、磷、硫、铁、钾盐、铝土矿、重晶石、石棉、芒硝等20余种。

如表6-1所示,西部45种主要矿产资源在全国占有非常重要的地位,其中有25种矿产资源的保有储量占全国的比重超过50%。

表6-1 西部45种主要矿产保有储量及其占全国的比例

序号	矿产名称	单 位	全国保有储量	西部保有储量	占全国比例(%)
1	煤矿	原煤(亿吨)	10 062.50	6 187.25	61.49
2	石油	剩余可采储量(亿吨)	24.90	6.09	24.46
3	天然气	剩余可采储量(亿立方米)	11 778.40	7 776.20	66.02
4	铀矿	U(万吨)	—		—
5	铁矿	矿石(亿吨)	458.07	129.59	28.29
6	锰矿	矿石(万吨)	54 770.50	37 256.10	68.02
7	铬矿	矿石(万吨)	10 057.00	8 991.00	89.40
8	钒矿	V_2O_5(万吨)	2 583.22	1 641.66	63.55
9	钛矿原生矿	TiO_2(万吨)	3 513.37	3 323.10	94.58
9	金红石	矿物(万吨)	1 097.00	44.70	4.07
9	钛铁矿砂	矿物(万吨)	4 043.00	1 902.60	47.06
10	铜矿	Cu(万吨)	6 281.23	3 075.26	48.96
11	铅矿	Pb(万吨)	3 496.51	1 968.34	56.29
12	锌矿	Zn(万吨)	9 212.10	5 941.06	64.49

第六章 西部地区矿产资源产业演化与可持续发展之实例分析

续表 6-1

序号	矿产名称	单位	全国保有储量	西部 保有储量	西部 占全国比例(%)
13	铝土矿	矿石(亿吨)	22.96	8.60	37.46
14	镍矿	Ni(万吨)	764.27	626.40	89.81
15	钴矿	Co(万吨)	47.11	27.72	58.84
16	钨矿	WO_3(万吨)	528.19	89.69	16.98
17	锡矿	Sn(万吨)	375.51	268.20	71.42
18	钼矿	Mo(万吨)	833.81	185.35	22.23
19	锑矿	Sb(万吨)	239.45	165.80	69.24
20	金矿	Au(吨)	4 281.02	1 379.09	32.21
21	银矿	Ag(吨)	115 320.00	46 964.00	40.72
22	铂族金属	金属(吨)	303.72	283.26	96.26
23	铌	Nb_2O_5(万吨)	384.59	280.91	73.04
24	钽	Ta_2O_5(万吨)	8.42	3.17	37.65
	铌钽矿	$(Nb+Ta)_2O_5$(吨)	2 587.00	2 587.00	100.00
25	稀土矿	TR_2O_5(万吨)	—	—	97.00
26	硫铁矿	矿石(万吨)	474 404.00	258 873.00	54.57
	伴生硫铁矿	硫(万吨)	31 625.00	11 474.00	36.28
	自然硫	硫(万吨)	32 109.00	117.00	0.36
27	磷矿	矿石(亿吨)	132.54	77.53	5.68
28	钾盐	KCl(万吨)	45 577.00	45 448.00	99.72
29	硼矿	B_2O_3(万吨)	5 105.30	1 882.10	36.87
30	芒硝	Na_2SO_4(亿吨)	106.50	87.40	82.07
		矿石(亿吨)	263.44	263.44	100.00

续表 6-1

序号	矿产名称	单位	全国保有储量	西部	
				保有储量	占全国比例(%)
31	钠盐	NaCl(亿吨)	3 844.80	3 418.80	88.92
		矿石(亿吨)	203.50	203.50	100.00
32	水泥石灰岩	矿石(亿吨)	530.10	204.20	38.52
33	玻璃硅质原料	矿石(万吨)	424 592.00	215 833.00	50.83
34	石膏	矿石(亿吨)	578.24	118.34	20.47
35	石棉	矿物(万吨)	8 999.90	8 925.00	99.17
36	石墨	晶质矿物(万吨)	17 413.40	3 172.70	18.22
		隐晶质矿石(万吨)	4 375.70	209.30	4.78
37	滑石	矿石(万吨)	23 848.00	7 942.00	33.30
38	金刚石	矿物(千克)	4 038.60	0.00	0.00
39	重晶石	矿石(万吨)	36 063.90	25 301.10	70.16
40	萤石	CaF_2(万吨)	10 886.30	890.10	8.18
		矿石(万吨)	2 780.30	2 608.80	93.83
41	菱镁矿	矿石(亿吨)	29.95	1.27	4.24
42	耐火黏土	矿石(亿吨)	21.40	4.49	20.98
43	高岭土	矿石(亿吨)	14.64	5.43	37.09
44	膨润土	矿石(亿吨)	24.41	13.22	54.16
45	花岗岩	矿石(万立方米)	173 117.00	40 745.00	23.54
	大理石	矿石(万立方米)	388 566.00	6 430.10	16.55

资料来源:国土资源部全国矿产储量数据库,1999。

第六章 西部地区矿产资源产业演化与可持续发展之实例分析◎

如表 6-2 所示,西部 45 种主要矿产资源潜在价值占全国同类矿产资源潜在价值的 66.50%,西部全部矿产资源潜在价值占全国矿产资源潜在价值的 66%,说明西部矿产资源具有绝对的

表 6-2　西部矿产资源保有储量潜在价值及其在全国的位次

地区	45 种矿产潜在价值(亿元)	全部矿产潜在价值(亿元)	位次	人均潜在价值(万元/人)	位次
重庆	2 842	3 800	27	0.93	25
四川	71 369	72 443	5	8.62	9
贵州	30 207	31 224	8	8.78	8
云南	29 288	30 026	9	7.43	10
西藏	1 723	6 505	25	26.66	6
陕西	86 099	87 331	4	24.29	7
甘肃	7 159	7 599	19	3.2	14
青海	155 808	172 739	1	342.42	1
宁夏	16 628	16 709	12	31.06	4
新疆	51 572	52 942	6	30.3	5
内蒙古	131 407	134 074	3	58.07	2
广西	4 653	6 928	20	1.51	23
西部	449 742	473 018	—	16.59	—
中部	352 678	364 338	—	8.27	—
东部	82 013	94 283		1.86	
全国	884 433	931 638		7.47	

注:①根据 1999 年底国家统计局公布的人口数量计算。资料来源:国土资源部矿产资源储量司,《全国矿产资源潜在总值》,2000。②青海矿产储量潜在总值居全国首位的主要因素是拥有大量的钾盐储量。

优势。西部人均矿产资源价值达到 17.24 万元/人,远远高于东部的 1.85 万元/人,高于全国近 10 个百分点,说明西部矿产资源开发利用对西部人民生活水平的提高,对西部乃至全国经济的长远发展有举足轻重的地位和作用。

第二节　西部地区矿产资源产业演化轨迹

一、西部地区矿产资源产业发展历程

中国西部现代矿产资源产业的起步是在国家的"一五"和"二五"计划期间。在 1949~1952 年完成了恢复国民经济的任务后,"一五"和"二五"时期在国家不平衡发展战略指导下,进行建设性西移,把中西部矿产资源勘探开发作为建设重点,促进了西部地区矿产资源产业的发展。从矿产资源的勘探和开发而言,当时重点勘探的是国民经济建设急需的煤炭、石油、有色金属和化工原料矿产。在西部地区相继建立了大批能源、有色金属、化工原料基地和矿业型城镇,如克拉玛依石油生产基地,包钢钢铁生产基地,甘肃白银厂铜矿基地,云南个旧锡矿基地,贵州遵义锰矿基地,贵州开阳、云南昆明磷化工原料基地等。

"三五"和"四五"计划时期,西部矿产资源的勘探、开发及其加工也取得了巨大进展。在此期间,国家为了加强备战,把"三线建设"作为经济建设的重点,矿产资源勘探和开发也重点围绕大三线地区大规模开展,发现了云南金顶大型铅锌矿等主要矿产地,建设了一批国家骨干矿业基地,如德兴铜矿、攀枝花铁矿、金川镍矿,形成了一批以矿产加工业为主的工业中心,如包头钢铁基地,内蒙古煤炭基地,甘肃兰州石油化工基地,四川成都、重庆

第六章 西部地区矿产资源产业演化与可持续发展之实例分析

钢铁基地。

改革开放以后,我国确立了以经济建设为中心的基本方针,并实施了向东部沿海地区倾斜的区域经济发展战略。在东部和全国经济快速发展的刺激下,对矿产品的需求急剧增加,在20世纪80年代末到90年代,资源富集的西部地区又成为投资的重要对象,在新、滇、黔、桂、川、陕等省(自治区)发现了一批重要矿产,新增了一些矿产储量,特别是新疆塔里木、准噶尔、吐哈三大盆地油气勘探取得重大进展,为西部矿产资源产业的快速发展奠定了基础。

1999年,我国开始实施西部大开发战略,在1999—2008年期间,西部地区投资总和达到158 663.1亿元,年均增长22%(姚慧琴、伍宗折,2009),资源开发、基础设施建设、生态治理和环境保护都取得了实质性进展。就矿产资源开发而言,国家加大了西部地区石油、天然气资源勘探力度;陕西、宁夏等地建设了大型煤矿;青海省钾肥项目,云南和贵州磷肥生产项目也大大增加了投资;西部地区矿产资源采掘和加工类产品在全国的比重明显上升。

二、西部地区矿产资源产业演化时空分异规律

1. 定量方法选择

熵理论是研究系统演化的重要方法。熵是用以描述自发过程不可逆性的状态函数。最初熵的概念由Clausius引入,用以描述物体间的热量传递特性,但这一定义不能反映系统内部的结构变化特征。为了解释不可逆过程的微观机理,Boltzmann给出了如下形式的熵函数[式(6-1)],用熵代表系统的无序度。

$$S = K_B \ln P \qquad (6-1)$$

式中：K_B 为玻尔兹曼常数；P 为系统处于某一状态的概率。

熵原理不仅揭示了热力学系统的运动规律，而且在生物学、社会科学等领域都得到了广泛的应用。Shannon(1980)定义了信息熵的概念，用来描述信息源平均不确定性和度量随机变量的不确定性。对于离散型随机变量，如果一个事件可能有 X 种结果，X 的取值为 $X=\{X_1, X_2, X_3, \cdots, X_n\}(n \geqslant 2)$，每一结果出现的概率为 $P=\{P_1, P_2, P_3, \cdots, P_n\}(n \geqslant 2)$，且 $P_i \in [0,1]$，$\sum P_i = 1$，则有：

$$S = -\sum P_i \ln P_i \qquad (6-2)$$

区域矿产资源产业系统是一个与外界有着广泛物质、能量和信息交换的开放系统。随着时间的推移，产业内部结构不断演进，表现出自发的、具有不可逆性的演化特征，因此，我们引入信息熵的概念来描述其结构变化特征。

鉴于矿产资源产业的产值可以反映各矿产资源产业发展的水平和规模，因此，在研究中选取产值作为度量指标。假设区域所有矿产资源产业部门的总产值为 S，每一部门的产值为 S_i，矿产资源产业共有 M 个产业部门，各产业部门产值占总产值的比例分别为 P_i。基于以上假设，根据信息论的原理，可以定义矿产资源产业演化的信息熵为[式(6-3)]：

$$S = -\sum P_i \ln P_i \qquad (6-3)$$

该函数可以用来描述区域矿产资源产业演化的有序度或复杂程度。一般来说，矿产资源产业系统内产业部门越多，各产业部门所占百分比相差越小，区域矿产资源产业信息熵值越小，表明区域矿产资源产业内部结构向多样性和均衡方向发展；反之，表明区域矿产资源产业内部结构趋向单一化生产。

2.西部地区矿产资源产业总体演化轨迹

通过搜集西部地区矿产资源产业各子产业 1993—2011 年工

第六章 西部地区矿产资源产业演化与可持续发展之实例分析

业增加值,西部地区矿产资源产业信息熵的计算结果及其动态演化情况如图6-1所示。

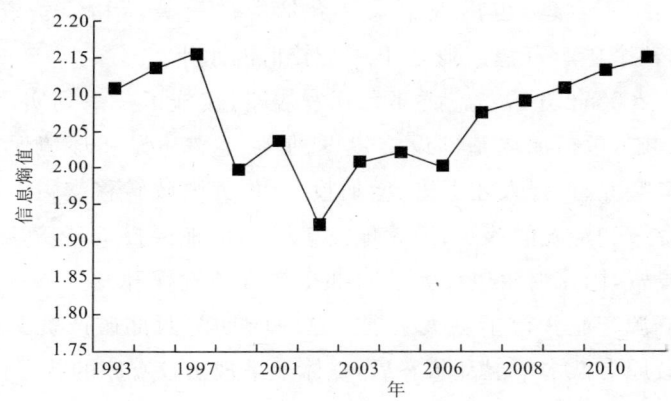

图6-1 西部地区矿产资源产业信息熵动态演化轨迹

从图6-1可以看出,在1993—2011年期间,我国西部矿产资源产业信息熵呈现较明显的、有规律的波动。总体上来看,2000年是一个大的分界点,在此之前,西部矿产资源产业信息熵值处于一个较高的水平,表示在此时期西部矿产资源产业处于一个无序的状态。在2000—2006年,西部矿产资源产业信息熵值较低,表示在此期间西部矿产资源产业处于一个较有序的状态。2006年以后,西部矿产资源产业信息熵值又呈现回升趋势,表示西部矿产资源产业从有序向无序的转换。而这些演化特征和变化规律与西部资源状况、西部资源型企业状况和国家相关政策是密不可分的。

2000年以前,尽管国家在西部地区大量投资,也有部分民营资本进入矿产资源勘探开发领域,使西部矿产资源产业获得了很大的发展,但是,总体上来讲,地质勘探投入还严重不足,开采和加工也仍沿袭过去计划经济时期的开发生产经营模式,各子产业盲目性运作,矿产品加工没有相应提高,整个矿产资源产业上下游结构不合理,也出现了采富弃贫等严重破坏和浪费资源的问题,整个矿产资源产业处于一个较低的水平。

2000年开始实施西部大开发战略,实施了一系列实质性的政策措施,包括加快基础设施建设、加强生态建设和环境保护、发展优势产业、加强人才引进、增加投入、加大财政转移支付力度等,这些政策和措施的落实,极大地改善了西部地区投资环境,吸引了大量投资,国家财政也加大了西部矿产资源勘探开发投入,使西部矿产资源产业获得了巨大发展。这一时期的西部矿产资源产业,在打破原有低水平混乱状态后,整体上呈现出较有序的状态。

经过几年的发展,2003年我国矿产勘查投资主体已呈现多元化,矿产资源勘查开发秩序专项治理取得了一定成效,更重要的是,我国开始实施《中国二十一世纪初可持续发展行动纲要》,要求把矿产资源开发利用与资源环境协调起来,这些政策措施的实施,使得从2003年开始,我国西部矿产资源产业逐步在政策引导和市场机制作用下,整个矿产资源产业结构得到一定优化,矿产资源综合利用率得到提高,产业整体效益提升。但这一时期西部矿产资源产业在一个较高水平上处于相对无序的状态,表明了西部矿产资源产业升级的紧迫性。

另外,从整个图形的趋势可见,西部地区矿产资源产业的熵值变化呈S型曲线,这也与前面所讨论的产业演化Logisitic模型分析结论一致,即当把西部地区矿产资源产业作为一个系统时,其演化必定受到自身序变量变迁的约束,也会受到其他外部制度等环境变量的影响,其演化过程即是生长曲线。

第六章 西部地区矿产资源产业演化与可持续发展之实例分析

3. 西部地区矿产资源产业各省区的演化轨迹

利用西部地区各省（自治区、直辖市）矿产资源产业的汇总数据，西部地区各省（自治区、直辖市）矿产资源产业信息熵的计算结果及其动态演化情况如图6-2所示。

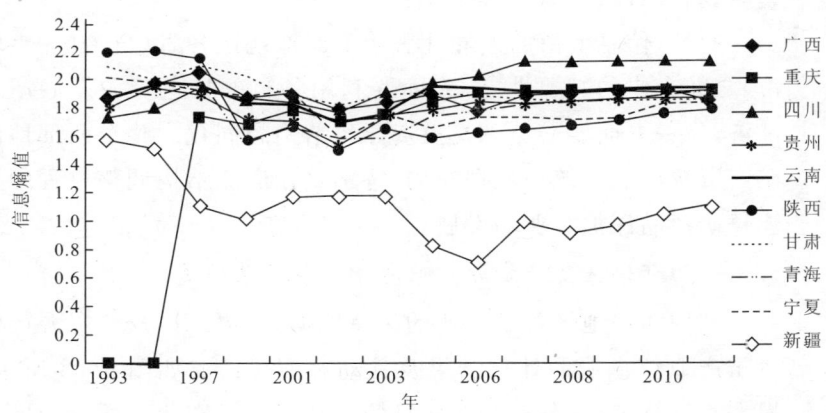

图6-2 西部地区各省（自治区、直辖市）矿产资源产业信息熵动态演化轨迹

从各省（自治区、直辖市）的矿产资源产业熵值大小来分析，西部各省（自治区、直辖市）间的差异较大，各省时序上的变化不是十分明显。其中，四川的矿产资源产业信息熵值近十年来徘徊在2左右，表明其产业间的关联度及耦合度不高，各子产业间的协调性不强，表现为产业无序的程度较高；宁夏、新疆矿产资源产业的信息熵值一直处于较低的水平，表明其矿产资源产业内部结构比较合理，产业间协调性强，产业的有序程度较高。

从信息熵值的变化来看，陕西、新疆、四川波动较大，陕西信息熵值从1993年的2.2降到2011年1.7，新疆信息熵值从1.6降到1.1，减少幅度较大，表明陕西、新疆矿产资源产业内部结构趋向协调;相反,四川信息熵值从 1.7 升到 2.1,表明矿产资源产业内部结构趋向不协调;其他西部地区省份信息熵值都保持相对平稳的状态,表明其结构的固化。信息熵值表示的这种协调性仅表明各省(自治区、直辖市)矿产资源产业内部的协调性,并不能表明其合理性。

此外,信息熵值的差异性表明了西部地区各省(自治区、直辖市)之间合作的必要性,一方面要利用各自的特色资源发展产业经济,另一方面要避免重复投资导致结构趋同化。整个西部地区矿产资源产业要统一规划布局,特别是在产业结构调整过程中要注意矿产品深加工业的发展。

4. 西部地区矿产资源产业各子产业演化轨迹

利用西部地区各子产业的汇总数据,西部地区矿产资源产业各子产业信息熵的计算结果及其动态演化情况如图 6-3 所示。根据其计算公式,各子产业信息熵反映了各子产业在西部地区分布的集中度,各子产业信息熵值越小,表明各子产业在西部地区越集中;相反,各子产业信息熵值越大,表明各子产业在西部地区越分散。

从整个西部地区矿产资源产业来看,近十多年各个子产业的熵值有较大的差异,从石油天然气开采业的 1.2 左右到有色金属冶炼及锻延加工业的 2 左右,表明了相关子产业在西部地区发展的不平衡性。其中,石油天然气开采业熵值最小,表明石油天然气开采业在西部地区集中化程度最高;石油加工及炼焦业熵值较小,表明这些产业在西部地区比较集中;有色金属冶炼及压延加工业熵值最大,表明有色金属冶炼及锻延加工业在西部各省(自治区、直辖市)最分散,集中化程度不高;煤炭开采和洗选业、非金属矿采选业集中度也比较低。

第六章 西部地区矿产资源产业演化与可持续发展之实例分析◎

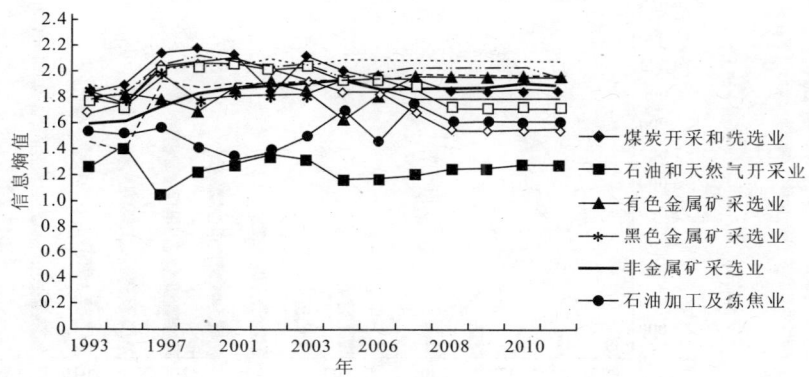

图6-3 西部地区矿产资源产业各子产业信息熵动态演化轨迹

从信息熵值的变化趋势来看,煤炭开采和洗选业、金属制品业、非金属矿制品业有集中化趋势;其他矿产资源子产业总体上保持平稳态势。这一方面表明西部地区各省矿产资源禀赋的差异性,另一方面表明了西部地区一些矿产资源产业要加大企业整合力度,提高产业的集中度,发挥规模效应。

5.西部地区矿产资源产业演化的特点

通过西部地区矿产资源产业演化轨迹分析,可以得出4矿产资源演化的基本特征:

(1)西部地区矿产资源产业发展迅速。西部地区矿产资源产业工业增加值从1993年782.88亿元到2011年11 194.57亿元(图6-4),发展速度快,总体规模大,对西部地区社会经济发展产生了巨大的影响。

其中,石油与天然气开采业增长幅度最大,有色金属冶炼压延加工业增长幅度次之,非金属矿采选业增长幅度最小(图6-5)。另外,西部矿产资源产业中除了石油与天然气开采业增长较

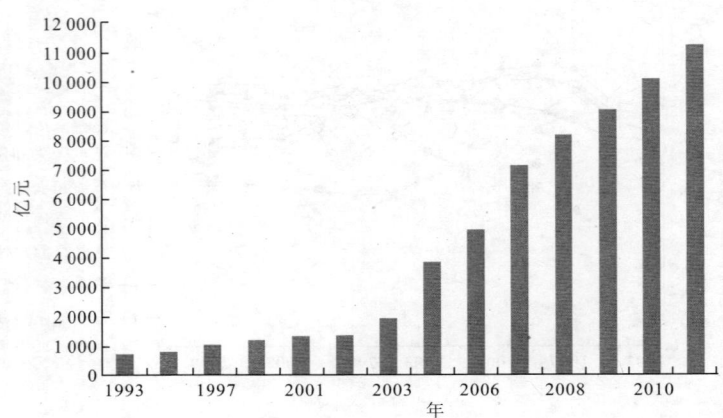

图 6-4 西部地区 1993—2011 年主要年份矿产资源产业工业增加值

快以外,其他增长较快的是有色金属冶炼及压延加工业、黑色金属冶炼及压延加工业,这表明西部矿产资源产业中矿产品加工业发展较快,整体结构在优化。在加工业中,石油加工炼焦业发展较慢,这与石油化工产业主要在沿海一带布局有关。

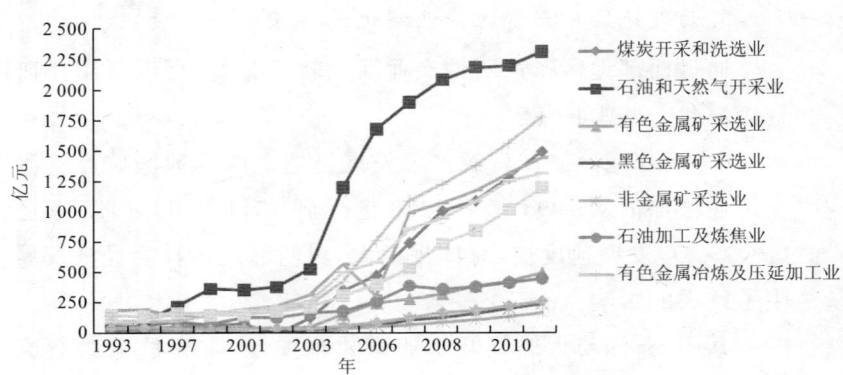

图 6-5 西部地区矿产资源产业主要子产业工业增加值增长情况

第六章 西部地区矿产资源产业演化与可持续发展之实例分析

(2)西部矿产资源产业受政策的影响很大。西部地区矿产资源产业的演化与发展,与国家的西部政策是密不可分的(表 6-3)。1993年我国开始矿产资源开发体制的改革,打破了原有的勘探—开发分离的格局,实际上是矿产资源开发利用的市场化改革,增强了地勘单位和矿业单位的活力,使矿产资源勘探开发出现了可喜的局面。同时,由于矿业投资的剧增,导致矿业秩序混乱、资源浪费严重的局面出现,因此,1994—1997年的主要政策是规范企业行为、整顿矿业秩序的资源管理政策。1998—2002年的主要政策以鼓励矿产资源勘探开发投资为主,国家发布了一系列鼓励矿产资源勘探开发的政策措施,大大地促进了西部矿产资源产业的投资。2000年我国开始实施西部大开发战略,更是颁布和实施了相关优惠政策,使西部地区的基础设施建设、科教投入、产业技术水平等上了一个台阶,也使矿产资源产业规模有了巨大提升。2003年至今,此阶段国家对西部矿产资源产业的政策主要以循环经济、节能减排、结构调整、产业升级为主。2003年国家开始实施《中国二十一世纪初可持续发展行动纲要》,实施了更严格的资源、环境保护政策和措施,使西部矿产资源产业面临着产业转型与升级的压力。同时,政府也加大科技创新政策的力度,鼓励企业进行技术创新活动,解决西部地区矿产资源勘探开发中的关键技术问题,提升整个矿产资源产业的技术水平和效率。因此,从总体上说,西部地区矿产资源产业的发展属于政策驱动型,是在投资政策、资源环境保护政策、技术创新政策不同组合下的表现。究其原因,主要还是西部地区经济欠发达、科技水平不高、市场机制不完善导致矿产资源产业技术创新系统不发达,很难实现在市场机制作用下依靠产业技术创新系统的运行来推动矿产资源产业的发展。

表 6-3　西部地区矿产资源产业发展相关政策汇总

类型	政策名称	发布时间
投资政策	关于当前进一步鼓励外商投资的意见	1999 年 8 月 20 日
	中西部地区外商投资优势产业目录	2000 年 6 月
	关于进一步鼓励外商投资勘查开采非油气矿产资源的若干意见	2000 年 10 月 24 日
	关于实施西部大开发若干政策措施的通知	2000 年 12 月 26 日
	关于西部大开发政策措施的实施意见	2001 年 9 月 29 日
	外商投资产业指导目录	2002 年 3 月
	国家税务总局关于落实西部大开发有关税收政策具体实施意见的通知	2002 年 5 月 10 日
	矿业权交易规则(试行)	2012 年 1 月
环境保护政策	环境保护法	1979 年颁布，1998 年修订
	固体废物污染环境防治法	1995 年颁布，2004 年修订
	国务院关于印发《全国生态环境建设规划》的通知	1998 年 11 月 7 日
	国务院关于印发国家环境保护总局《全国生态环境保护纲要》的通知	2000 年 12 月 21 日
	关于西部大开发中加强建设项目环境保护管理的若干意见	2001 年 1 月 8 日
	中国二十一世纪初可持续发展行动纲要	2003 年 1 月
	国土资源部关于贯彻落实全国矿产资源规划发展绿色矿业建设绿色矿山工作的指导意见	2010 年 8 月
	关于加快《矿山地质环境保护与恢复治理方案》评审与备案工作进度的通知	2012 年 3 月 14 日

第六章 西部地区矿产资源产业演化与可持续发展之实例分析

续表 6-3

类型	政策名称	发布时间
资源政策	矿产资源法	1986年颁布，1998年修订
	矿产资源法实施细则	1994年4月26日
	关于整顿矿业秩序维护国家对矿产资源所有权的通知	1995年12月11日
	关于继续对部分资源综合利用产品等实行增值税优惠政策的通知	1996年2月16日
	关于印发《"九五"资源节约综合利用工作纲要》的通知	1996年7月18日
	国务院批转国家经贸委等部门《关于进一步开展资源综合利用意见》的通知	1996年8月31日
	关于贯彻实施《矿产资源法》进一步整顿和维护矿业秩序的通知	1997年2月19日
	关于依法整顿煤炭生产秩序的通知	1997年5月29日
	关于加强西南三江地区矿产勘查工作的实施意见	1997年5月
	西南三江资源富集区矿产勘查开发特别计划（1996—2010）	1997年7月
	国土资源部关于发布实施《全国矿产资源规划》的通知	2001年4月30日
	"十五"西部国土资源开发利用规划	2001年9月14日
	关于印发《国土资源"十一五"规划纲要》的通知	2006年4月17日
	国土资源部关于印发《全国地质勘查规划》的通知	2008年3月11日

续表 6-3

类型	政策名称	发布时间
其他	国土资源部关于发布实施《全国矿产资源规划（2008—2015 年）》的通知	2008 年 12 月 31 日
	矿产资源节约与综合利用专项资金管理办法	2010 年 12 月
	开采总量控制矿种指标管理暂行办法	2012 年 3 月
	矿产资源补偿费征收管理规定	2012 年 7 月
	矿产资源开采登记管理办法	2012 年 7 月
	矿产资源规划编制实施办法	2012 年 10 月
	国土资源部发布了关于煤炭资源合理开发利用"三率"指标要求（试行）的公告（2012 年第 23 号）	2012 年 12 月

第三节　西部地区矿产资源产业的现状及存在的问题

一、西部地区矿产资源产业现状

建国后，国家在西部地区建立了一批资源开发基地，进一步开发西部地区矿产资源，并在对乡镇企业和民营企业从事矿产资源开发"网开一面"的大背景下，西部地区矿产资源的开发得到了迅猛发展。攀枝花、六盘水、金川、克拉玛依等城市是西部经济发展的典型代表。

目前，西部地区的冶金工业和钢铁工业已形成一定规模。西部最大的钢铁生产基地及国内主要钢铁生产企业之一的攀枝花钢铁公司、包头钢铁公司在世界上也很有影响力：攀枝花钢铁公司是世界上三大钒生产企业之一，包头钢铁公司是世界上最大的稀土原料供应基地。

第六章 西部地区矿产资源产业演化与可持续发展之实例分析◎

西部冶金工业的主要优势体现在有色金属工业。西部地区有目前我国最大的镍和铂族金属生产基地：河西走廊建成的金川有色金属公司；国内主要的铜生产企业：白银有色金属公司、云南铜业公司；在国内铝生产企业中占有重要地位的平果铝业公司、贵州铝厂；我国最大的两家锡生产企业：云南锡业公司、广西华锡集团公司；另外还有一批骨干矿山企业：金堆城钼业公司、西部矿产公司等。目前，西部地区形成的年生产能力为155万吨铝、26万吨铜、37万吨铅、84万吨锌、9万吨锡、5万吨镍，占国内生产能力的比例分别为55%、23%、40%、36%、90%和95%。宁夏出口的有色金属钽、铌系列产品占据了全球1/3的市场份额。

西部地区蕴藏着丰富的化肥资源，拥有我国最大的可溶性钾镁盐矿床、世界上著名的内陆盐湖青海察尔汗盐湖。其总面积为5 856平方千米，储藏着总储量达600亿吨的极为丰富的钾、钠、镁、硼、锂、碘、铯、铷等矿产资源，其中，氯化钾表面储量、氯化镁储量、氯化锂储量占全国首位，分别为1.45亿吨、16.5亿吨、824.6万吨。青海察尔汗盐湖初步开采价值为12万亿元，随着经济和科技的发展，盐湖集团的开发能力不断提高，其中氯化钾产量由1997年的22万吨提高到2012年的263万吨；工业总产值从1997年的1.42亿元上升到2012年的73.4亿元。

目前，西部地区已建成从能源、黑色金属、有色金属、贵金属到化工非金属以及建材等多种矿产品的生产体系，成为我国重要的矿产品生产基地。在主要矿产中，西部地区可供规划利用储量占保有储量比重超过50%的矿产有煤矿、天然气、钒矿、钦矿、铝土矿、稀土矿、玻璃硅质原料、石墨、石膏、重晶石、耐火粘土、高岭土等，这为21世纪把西部地区建设成我国重要的能源工业、有色金属工业、化工工业基地奠定了良好的资源基础（表6-4）。

表6-4 西部地区重要矿产资源开发分布

矿种产地	能源矿产(石油、天然气、煤炭)	黑色金属矿产	有色金属矿产	贵金属矿产	稀有、稀土金属矿产
四川	四川盆地中的油气田宝顶煤矿、广旺煤矿、芙蓉煤矿	攀枝花超大型钒钛磁铁矿、泸沽铁矿、城口锰矿	嘎村超大型铜金多金属矿、夏塞大型多金属矿、拉拉铜矿、李伍铜矿、天宝山铅锌矿、大梁子铅锌矿、甘洛铅锌矿、大水沟锑矿、杨柳坪铂镍矿	嘎村超大型铜金多金属矿、木里耳泽金矿、夏塞大型银矿	
云南	昭通煤矿、宣威羊场煤矿、富源后所煤矿、小龙潭煤矿、曲靖思洪煤矿	大红山铁矿、鲁奎山铁矿、王家滩铁矿、大六龙铁矿、斗南锰矿、白马寨镍矿	个旧锡矿、腾冲锡矿、东川铜矿、易门铜矿、大姚铜矿、普郎铜矿、羊拉铜矿、会泽铅锌矿、兰坪铅锌矿、木利锑矿	哀牢山金矿、白秧坪超大型银矿	
贵州	遵义煤矿、安顺煤矿、盘县煤矿、六枝煤矿、水城煤矿	遵义锰矿、观音山铁矿、大塘锰矿	晴隆锑矿、杉树林锌矿、务川汞矿、铜仁汞矿、万山汞矿、丹寨汞矿、松桃汞矿、修文—清镇铝土矿	万年水金矿	
西藏		罗布莎铬铁矿、东巧铬铁矿	玉龙铜矿、冈底斯构造带铜矿		扎布耶硼砂矿
新疆	塔里木油田、克拉玛依油田、土哈油田、准噶尔油田	鲸鱼铬铁矿、萨尔托海铬铁矿、富蕴县蒙库铁矿床	富蕴索尔库都克铜矿、阿舍勒铜矿、东天山铜矿	伊宁阿希金矿、克拉玛依哈图金矿、宝贝金矿、都善康故尔塔格金矿	阿尔泰山稀有金属矿
宁夏	石嘴山、灵武煤田				

第六章 西部地区矿产资源产业演化与可持续发展之实例分析

续表6-4

矿种\产地	能源矿产(石油、天然气、煤炭)	黑色金属矿产	有色金属矿产	贵金属矿产	稀有、稀土金属矿产
甘肃		镜铁山铁矿,北祁连山地区的世纪、祁宝和贵山钨多金属矿床,肃北县塔儿沟、红尖兵山、肃南县小柳沟钨多金属矿床	金川硫化铜镍、金川铂族矿、金川白银厂铜矿、成县厂坝铅锌矿、陇南西成铅锌矿		
青海	柴达木油田、陕甘宁油气田		锡铁山的铅锌矿、青海玉树大型铅锌矿床		
陕西	神府煤田	汉中、商洛地区	金堆城钢矿伴生铼、旬阳汞锑矿	小秦岭金矿	
内蒙古	伊敏煤矿、霍林河煤矿、元宝山煤矿、准噶尔煤矿、二道岭煤矿		锡林郭勒盟锡矿、克什克腾旗拜仁达坎银铅锌矿	哈尔楚鲁图铜银矿、白音查干铅锌银矿	白云鄂博稀土矿、包头稀土矿
重庆	梁山煤矿、华蓥山煤矿、南桐煤矿、永荣煤矿、垫江卧龙河气田	城口锰矿、秀山锰矿、钒矿	秀山钼矿		合川、大足、铜梁等地的锶矿

资料来源:邹光富,毛英.中国西部地区矿产资源开发与环境保护.地球科学进展,2004(6):444-448。

此外,从西部矿产和能源资源的特点和优势出发,为了发展有竞争力的特色矿业经济,政府规划建设十大矿产资源集中区,重点是天然气、石油、铜、锌、镍、优质锰、铬、金、银、铂族、钾盐、磷、地热等优势资源的勘察开发利用(表6-5),这将大大促进西部地区经济和周边基础设施建设的发展。

表 6-5 我国西部十大矿产资源集中区

编号	所在地区	矿产资源集中区名称
1	塔里木	以天然气勘探开发为主的能源资源集中区
2	黄河中游	以天然气、煤、油气为主的能源矿产资源集中区
3	东天山北祁连	以铜矿、贵金属为主的有色金属及能源资源集中区
4	柴达木	以天然气、钾盐为主的能源化工矿产资源集中区
5	秦岭中西段地区	以铅、锌、金为主的有色贵金属资源集中区
6	"三江"中南段	以银、铜、铅等为主的有色金属资源集中区
7	攀西黔中	以钒钛磁铁矿、铜、铅、锌、锰等为主的矿产资源集中区
8	四川盆地	以天然气开发为主的天然气资源集中区
9	红水河右江	以铝、锡多金属为主的有色贵金属资源集中区
10	西藏"一江两河"	以铜、铬铁矿、金、银为重点的有色金属资源集中区

资料来源:http://stock.wuhan.net.cn/Da/20011012/0051004.htm。

我国西部矿产资源丰富,成矿条件优越,具备形成优势支柱产业的坚实资源基础。西部地区的矿产资源不断开发,有力地促进了区域经济的发展。随着一批大型矿业基地和大型矿山企业的建立,有效地加速了地区工业化和城市化进程,带动了大批相关产业的迅猛发展和就业人数的增长。表 6-6 为 2011 年西部地区矿产资源产业工业增加值和平均人数。

第六章 西部地区矿产资源产业演化与可持续发展之实例分析

表6-6 2011年西部地区矿产资源产业工业增加值和平均人数

矿产资源子产业	工业增加值(亿元)	平均人数(万人)
煤炭开采和洗选业	2 344.08	347.94
石油和天然气开采业	2 371.96	106.92
有色金属矿采选业	653.57	18.11
黑色金属矿采选业	390.36	15.12
非金属矿采选业	238.09	9.66
石油加工及炼焦业	510.72	47.43
有色金属冶炼及压延加工业	2 114.85	65.02
黑色金属冶炼及压延加工业	1 949.76	136.16
化学原料及化学制品制造业	1 540.02	96.55
金属制品业	283.59	18.23
非金属矿物制品业	1 354	51.28

资料来源:《中国工业经济统计年鉴》(2012)。

二、西部地区矿产资源产业存在的问题

1. 产业粗放发展,矿产资源综合利用水平和深加工能力较低

西部矿产资源的开发在长达几十年的中央企业垄断经营下,由于产业定位的失误(主要是以能源和原材料生产和初级加工为主,定位于为发达地区提供原材料的供应基地),造成了西部矿业工业化发展水平低、技术落后、矿产品结构单一的局面。特别是西部资源开发综合利用水平和深加工能力较低。如西部地区矿产资源的回采率普遍偏低,一般只有30%~50%,不仅低于发达

国家水平,而且低于国内 20 世纪 60 年代水平。大部分矿山资源综合开发利用、尾矿综合利用、矿物原料的深加工和资源的二次利用较差,基本上处于销售原料的矿业经济初级阶段。在生产设备技术水平方面也比较落后,据统计,在目前西部 1 500 万吨钢的生产能力中,处于落后水平的占 20% 以上,处于国内一般水平的约占 30%。这很不利于西部地区经济社会的可持续发展,对于矿产资源开发深层次化的需求,西部资源的开发现状很难满足。因为西部矿产资源产业的发展处于资源产业链的最低端,所产产品多为技术含量低、附加值低的低档产品、粗加工产品,缺乏技术含量高、附加值高的名优产品、高档产品、深加工产品。这样的被动局面导致一方面西部地区耗费了大量资源,另一方面矿业技术水平和装备得不到改善,趋于老化,更新速度慢。高消耗、高污染产业的不断扩张,造成资源的巨大浪费,生态环境保护困难,从而资源优势难以转化为经济优势,不能有效促动经济的增长。

2. 产业结构不合理

在目前西部地区已经建成的国家能源和矿产基地中,主要以采掘工业和原材料工业为重点,加工工业比重很小,所以西部地区形成了以能源、原材料工业为主的矿产资源产业结构。这种结构特征自 20 世纪 80 年代以来并无实质性改变,凸显出西部地区矿产资源产业结构变化的缓慢,如表 6 - 7 所示。

西部地区资源发展没有形成一条完整的产业链,且矿业生产结构配套程度低,没有形成产业地区集中发展趋势。西部地区矿产资源产业结构呈现出自给性重复的不合理现象。例如,大型企业数量和产出比重偏低的现状未能与能源、原材料工业要求的企业规模结构相适应;采掘业与后续冶炼加工业之间不够匹配;矿业生产结构呈倒置状态等。加上西部地区资金、技术、人才机制

第六章 西部地区矿产资源产业演化与可持续发展之实例分析

的相对缺失,这种趋同的产业结构,导致地区间、微观主体企业之间恶性竞争加剧,产品缺乏市场竞争力,企业效益差,并成为地区资源开发和地区经济发展的阻碍。

表6-7 主要矿产资源产业工业增加值比重的变动趋势

矿产资源子产业	1993	1997	2000	2003	2007	2011
煤炭开采和洗选业	0.114 466	0.140 618	0.08	0.09	0.132 206	0.220 746
石油和天然气开采业	0.150 21	0.306 697	0.40	0.36	0.335 678	0.223 372
有色金属矿采选业	0.056 41	0.055 559	0.05	0.03	0.050 447	0.061 548
黑色金属矿采选业	0.011 803	0.010 69	0.01	0.01	0.019 348	0.036 761
石油加工及炼焦业	0.044 822	0.082 033	0.08	0.11	0.069 655	0.048 095
有色金属冶炼及压延加工业	0.159 464	0.141 451	0.16	0.16	0.192 894	0.199 159
黑色金属冶炼及压延加工业	0.372 319	0.202 674	0.18	0.22	0.176 571	0.183 612
金属制品业	0.090 506	0.060 279	0.03	0.03	0.023 2	0.026 706

资料来源:根据《中国统计年鉴》(1994,1998,2001,2004,2008,2012)整理。

3.环境破坏严重

西部地区本身生态环境脆弱。西部地区处在全国第一和第二级阶梯上,平均海拔在1 000m以上,西南山高坡陡、水土流失严重,西北干旱少雨、人类生存环境极其恶劣。任何过量和不合理的资源开发活动都会突破地区生态环境的均衡阈值,引发难以预计的灾难。然而在西部矿业经济发展的同时又引发了严重的环境问题,已成为制约西部资源开发和经济社会可持续发展的重要因素。矿产资源产业对环境的破坏主要体现在:一是破坏植被,水土流失。因为矿山在经过了剥岩、排土、采矿、选矿一系列过程后，原有的地形地貌被改变，植被山林被毁坏，造成水土流失。我国西部地区水土流失面积占全国水土流失总面积 360 多万平方千米中的 80%。在每年新增荒漠化面积 2 400 多平方千米中，西部地区占了大部分。二是占用土地，使土地资源没有有效利用。在西部矿业发展中矿业废弃物占用土地尤为严重。矿业废弃物主要包括从矿石开采过程中剥离的废石、围岩，到矿物加工产出的尾矿和冶炼渣、选矿废水、烟尘等。西部地区矿业及相关行业排放的废渣累计约 58 亿吨，占全国废渣储存量的 89%。三是废气、废水、固体废弃物的排放，严重污染环境。西部地区原始地表和周围环境遭到矿区的尾矿及固体废弃物堆放的严重破坏；土壤污染，土地退化、沙化、盐渍化主要是由矿尘引起的；含有毒性或放射性及残留选矿药剂的尾矿，污染了农作物、地面水和地下水，对生态环境造成严重威胁。四是导致各种地质灾害的发生。由于缺乏长远规划，受短期利益的驱使，许多矿区存在滥采滥挖现象，地下被采空，地下水位下降，常导致地表沉降、滑坡、塌陷、地裂缝、河道堵塞等地质灾害。

4. 西部地区矿产资源产业技术能力有限

矿产资源产业是西部地区的优势产业，西部地区企业的科技活动主要指标能较好地反映矿产资源产业的科技活动和能力，如表 6-8 所示。可见，西部地区企业科技创新能力、投入、成果与东部地区有很大差距，与中部地区也有较大差距。由此，我们认为西部地区矿产资源产业技术创新系统也存在明显不足。

从前面第四章分析可以看出，矿产资源产业自组织演化的序参量是科技产业创新，而西部地区矿产资源产业科技创新系统自组织发展受内外因素的影响，使西部矿产资源产业的升级在自组织机制下难以实现。

第六章 西部地区矿产资源产业演化与可持续发展之实例分析

表6-8 我国分区域企业科技活动主要指标

指标	单位	东部地区	中部地区	西部地区
R&D人员	人	1 724 545	525 361	310 716
R&D项目数	个	568 753	213 694	170 677
新产品开发项目数	个	188 591	47 032	30 609
R&D经费内部支出	万元	49 907 148	11 633 388	7 522 787
新产品开发经费	万元	50 020 948	12 035 251	6 403 231
技术改造经费支出	万元	22 749 019	11 206 641	7 940 839
专利申请数	件	68 539	6 255	2931
新产品产值	万元	727 780 913	177 764 762	103 358 906

数据来源:《中国科技统计年鉴》(2012)。

第四节 西部地区矿产资源产业发展路径选择

一、西部地区矿产资源产业发展的目标和要求

西部地区过去定位于资源供应基地,西部地区矿产资源产业的目标是最大限度提高产量,满足国家经济、国防建设的需求。随着国际国内形势的变化,在全球经济一体化、国内建设和谐社会和实施可持续发展战略的背景下,西部地区矿产资源产业的发展目标是在保障国家经济建设资源安全供应的基础上,保护资源环境,促进西部地区社会经济协调发展。

为了实现上述目标,西部地区矿产资源产业必须要满足以下三个基本要求。

1. 要有利于为国家经济建设提供充足矿产资源

中国经济的高速增长,对资源的需求也不断增长,中国国务

院发展研究中心预测：2020年，中国总的石油消耗量将翻倍，所以国内的石油产量肯定无法满足经济增长的需求。在未来的10年中，中国将有40%以上的石油都需从国外进口，从国外进口的天然气也将超过50%，即使是煤炭也需从国外进口（2005年中国煤炭进口增长了40%，超过2 600万吨）。据海关统计，2006年我国金属矿产品（不含相关加工制品）进口总量3.6亿吨，贸易额320亿美元，出口总量49万吨，出口贸易额仅9亿美元，贸易逆差达311亿美元。国内主要矿产资源越来越依赖进口，加之跨国矿业公司进行价格操纵，使得我国经济发展成本增加。可见，资源已经成为我国经济发展的瓶颈。西部地区矿产资源丰富，在较长时期内仍是我国重要的资源基地，西部矿产资源产业发展过程中，要利用国外技术、资金进行风险勘探开发、资源加工，或利用自身竞争优势走出去，积极参与周边国家的资源开发，最终实现为国家经济建设提供充足资源的根本目标。

2. 要有利于西部地区矿产资源产业与社会经济的协调发展

西部地区地质条件特殊，自然条件恶劣，水土流失严重，生态环境极其脆弱，而西部地区矿业开发利用在取得巨大成就的同时，对生态环境产生的负面影响也与日俱增，已成为制约西部资源开发和经济社会可持续发展的重要因素。资源粗放式开发、无序开发，落后的开采、洗选技术导致资源的巨大浪费和环境破坏，例如，著名的陕北神府煤田中，仅陕蒙接壤的活鸡兔沟不到12千米的地段就有煤矿21个，资源利用率仅为20%（低于国家标准的50%，不到国际标准的30%），大量宝贵的煤炭资源被破坏和浪费。各个矿区随处可见的煤矸石山，既侵占了农林用地，又不断地产生大量有毒有害的烟尘和气体；众多的小矿土法采炼使得西

第六章　西部地区矿产资源产业演化与可持续发展之实例分析

南地区的重庆、贵阳等城市,已形成了较为严重的酸雨区[①]。此外,企业和政府普遍缺少足够的资金投入进行开采后的生态环境修复再造。因此,西部矿产资源产业发展过程中,资源、环境保护是重要的内容。西部矿产资源产业必须要走绿色矿业之路,即矿产资源产业发展过程中要协调与资源、环境的关系,注重资源的节约与保护,注重生态环境的保护,使西部矿产资源产业对西部地区经济长远发展作更大贡献,带动西部地区产业结构的优化与升级。

3. 要有利于企业技术进步,使企业竞争能力增强

我国矿山企业高达 14 万个以上,但普遍规模小、资源占有率低、竞争力差。尽管近年来我国矿业从资源、资金、技术和人才方面进行了有机的整合,但与世界跨国矿业集团相比,在资源占有、生产规模、技术水平、人才、市场运作、对外合作和融资等方面还有很大差距。据资料显示,规模在行业中居全球前十位的十家公司控制了西方国家 70% 的铁矿石、80% 的锡矿、75% 的铜矿、58% 的金和 57% 的锌产量,大型跨国公司形成了寡头垄断,在全球矿产资源配置中处于主导地位,具有绝对竞争优势。经济全球一体化拉近了各国之间的距离,各国企业都跨越国界谋求发展,对矿产资源项目的争夺已突破了"国土"界限,发展成为全球性、全方位和多层次的激烈的国际性竞争,这一切对我国资源型企业发展模式产生了极大的影响。西部地区矿产资源企业面临更大的挑战,企业规模小、规模效益差,不思技术进步、不求降低消耗、不计成本高低是西部矿业企业的通病。随着生产规模的逐步扩大,采掘的深度推进,开采难度也加大,资源的丰度递减,生产成本逐步

[①] 秦身钧. 协调环境发展,合理开发中国西部矿产资源. http://www.paper.edu.cn

上升,西部矿业企业很难大幅提高经济效益。因此,面对外来的压力和挑战,西部矿产资源企业应及时调整发展战略,提升自身应变与可持续发展的能力,通过对外合作等方式,在引进资金的同时,学习国际先进技术和管理经验,增强国际竞争力,才能更好地融入国际矿业发展的行列,从而使西部矿产资源产业在全球价值链中占有一席之地,且日益向高端发展。

二、西部地区矿产资源产业发展的制约因素

按照矿产资源产业演化机制,西部矿产资源产业在正强化作用下将获得发展,在负强化作用下有可能被锁定在无效率的状态。正强化作用主要是企业的创新机制和学习机制,全球化及我国经济持续高速发展带来的信息、技术、资金和管理等要素向西部矿产资源产业的流动。对西部地区而言,更重要的是要进行负强化作用的分析,即对影响西部地区矿产资源产业发展方向演化的不利因素进行分析。具体而言,西部地区矿产资源产业可能出现的锁定状态的影响因素包括以下几个方面:

(1)区域要素禀赋的锁定。西部地区经济水平低下,人均 GDP 不及全国的 2/3,经济发展总体水平远远低于全国水平;在产业结构方面,西部以农牧业为主的第一产业和资源密集型产业比重大,产业结构层次低下;城乡、工农、现代与传统工业间"二元结构"突出;人口素质较低,教育、科技落后;贫困面大,贫困人口集中。这些都是影响西部地区矿产资源产业发展的重大制约因素。特别是科技要素和资金要素的匮乏,将影响企业的创新活动,使矿产资源产业停留在低水平发展道路上。

(2)市场发育不全的锁定。西部地区市场发育不全,主要表现在三个方面:一是市场的主体尚未真正形成。受经济利益等的

第六章 西部地区矿产资源产业演化与可持续发展之实例分析

驱使,政企不分现象还很突出。由于政事不分、政企不分还存在,导致市场主体尚未真正形成。二是市场体系不健全。由于西部地区产业大多由国家投资兴办,导致西部地区市场功能发育不完善,各种市场缺乏良好的组织,市场信息不够灵敏和准确。三是市场规则不完善。对资源型企业而言,矿业权市场规则不健全、矿产品买卖市场规则不完善、市场管理与运行不规范。由于市场发育不全,导致市场机制在西部地区矿产资源产业发展中的作用发挥不够,因而使企业出现"寻租"行为,直接影响企业的创新投入和创新行为,进而影响矿产资源产业的发展。

(3)企业素质不高的锁定。西部地区矿产资源产业经济的支柱是国有企业,但大多数国有企业发展举步维艰,而非国有企业也落后。总体而言,西部地区企业创新与开拓意识不够、经济实力不强、技术力量薄弱、管理水平较低、创新能力弱,使矿产资源产业被固化在传统的生产方式和发展模式上。

(4)行政区划的锁定。西部地区矿产资源分布在不同省份,由于行政区划而形成了各省(自治区、直辖市)矿产资源产业独立发展的局面。而西部地域广泛,自然环境恶劣,基础设施落后,特别是西部一些大矿产资源集中区大多跨区存在,这客观上要求西部地区在矿产资源上统一规划,统一生产布局,共同投资基础设施,形成各有特色的、利益共享的、集群发展的区域矿产资源产业发展格局。但实际上,各地各自为政、行政分割,出现了重复投资、低水平建设的局面,大大阻碍了区域内省际专业分工的发展,限制了资源集中效应最大化发挥,使西部地区矿产资源产业落入低水平发展陷阱。

(5)价值链低端的锁定。西部地区矿产资源产业以采掘和初级加工为主,产品附加值低,除了少数产品外,大多数产品生产处于全球价值链的低端。附加值是扣除物资消耗后的价值,附加值低,则产业内资本积累就少、产业创新动力不足。西部资源产品附加值低的形成原因主要有三点:一是由于我国市场经济不成熟,资源产品价格形成机制不完善,导致矿产品价格过低;二是由于西部资源型企业国有体制问题,西部企业大多是国企,国企本身就缺少优秀企业家,缺乏良好的激励机制,从而缺乏对附加值强烈追求的动力;三是西部资源型企业由于技术水平的相对落后,缺少产品升级的机会。由于产品附加值低,使西部资源型企业在人力资本、生产环境、技术改造及创新上投资减少,又反过来导致资源型企业的人才流失、员工素质下降、创新能力减弱、安全事故增加,阻碍了矿产资源产业的发展。

(6)沉淀成本的锁定。矿产资源产业的升级与转型受沉淀成本的影响。沉淀成本包括两部分:经济性沉淀成本和社会性沉淀成本。经济性沉淀成本指承诺的投资成本无法通过转移价格或再出售价格得到完全补偿的那些成本,如资源型企业技术升级或转型使原有生产体系部分或全部放弃而难以回收原投资成本。社会性沉淀成本是指契约安排下的权利承诺,一旦终止无法得到补偿的那些利益。矿产资源产业升级与转型过程是一个利益调整的过程,政府主管部门、企业投资者、经理人、员工及其他利益相关者,都对企业决策产生影响,既得利益者的阻挠、社会保障体制不健全等构成了矿产资源产业的升级与转型的社会性沉淀成本。可见,沉淀成本的锁定限制了西部矿产资源产业的技术创新、技术升级、产业结构优化及产业环境的改善。

三、西部地区矿产资源产业可持续发展的路径选择

建立以技术创新为基础、以循环经济为纽带,与制造业、高新

第六章 西部地区矿产资源产业演化与可持续发展之实例分析

技术产业共生发展的生态工业园和产业集群,在维持和扩大生产能力的同时,通过产业组织变化和价值创新,提高产业效率,实现产业功能转型,是西部地区矿产资源产业可持续发展的基本模式。实现这种模式的具体路径如下。

1. 构建产业创新系统,积极推进产业技术创新

产业技术进步是矿产资源产业发展的基础,西部地区矿产资源产业的可持续发展,同样需要产业技术的创新与进步。然而西部地区由于经济不发达、市场机制不健全、科教水平不高等因素影响,企业科技创新能力和盈利水平与东、中部企业相比较,有明显的差距,西部地区科技创新体系很弱小,而且地方政府并未认识到科技创新的重要性,没有因为经济的发展而改变政府科技投入,因此,矿产资源产业创新系统构建要从两个方面着力:

一方面,企业是产业技术创新的主体,企业的技术创新可以增强企业在市场中的竞争能力。为此,西部地区矿产资源型企业要加大科技投入,围绕生产中相关环节的效率提升,切实开展相关科技活动。在企业从事科技活动的过程中,要善于合作,采取联合研发合作模式,即以科研项目为依托,通过签署合作协议开展合作研究,双方在矿产资源勘探开发的新原理、新技术、新工艺等方面联合攻关;也可以专家交流互访为形式,如请国外学者举行报告会、研讨会,特别是引进掌握了成熟技术的国外专家,或派出人员出席国际会议和进行国际合作交流,可以很好地拓宽企业视野,在某些研究领域获得重大突破。

另一方面,政府是产业创新系统的推动者。产业创新系统的构建需要多方的物资资本、人力资本、信息资源及相应的合作机制、合适的合作形式,这些除了制定技术创新政策引导企业行为外,还可以利用政府在资源、信息和信用方面的优势,发挥相应作

用。如产业技术创新联盟作为产业关键技术联合攻关的一种组织形式,在政府的推动下,目前在矿产资源产业形成了钢铁可循环流程技术创新战略联盟、新一代煤(能源)化工产业技术创新联盟、煤炭开发利用技术产业技术创新联盟,并被列为国家首批试点联盟,推动了相关产业技术的升级和产业转型。

2. 产业链向精细加工环节延伸,提升产业价值链

西部地区矿产资源产业在经历了过去几十年的粗放式发展,现在存在资源消耗严重、生产技术水平低下、产品单一、产业链短、国际竞争力较弱等问题,存在"资源诅咒"现象,这些都不利于西部地区矿产资源产业的可持续发展。要改善这种局面,必须提高产品附加值,提升产业价值链,使矿产资源产业有更好的效益,有更多的技术投入,同时对地方经济产生更多的贡献。

具体的做法就是按照专业化分工协作的要求,依托初级产品的优势,延长产业链,特别增加精细加工产业,提高产品的附加值。如内蒙古包头市的稀土资源非常丰富,占世界已探明储量的75%以上,过去低价出口稀土矿,导致稀土资源外流,地方经济也得不到发展。1992年,包头市建立了稀土高新区来发展稀土产业。2009年末,包头稀土高新区已经聚集了68家稀土企业,形成了六大产业集群:以稀土磁性材料及各种电机生产为核心的产业集群,以稀土储氢材料及各种动力电池、电动车等应用产业为核心的产业集群,以稀土发光材料及应用器件生产为核心的产业集群,以稀土抛光材料等铈类化合物应用为核心的产业集群,以稀土催化、功能陶瓷等新材料及稀土在化工、建材领域应用为核心的产业集群,以稀土-有色金属材料深加工及其元器件生产为核心的产业集群。近年来,稀土矿产品比重大幅下降,深加工产品大幅增长,在"十五"末期,稀土矿产品比重由56.5%下降为

第六章 西部地区矿产资源产业演化与可持续发展之实例分析

29.7%,稀土深加工产品比重由16.1%提高为33.7%,"十五"期间累计完成稀土工业总产值143.7亿元,稀土产业得到了迅猛发展,同时使资源优势真正转化成经济优势①。

3. 建立循环经济的资源型产业集群

在长期以来形成的国内分工格局中,西部地区形成了以"资源高消耗、污染高排放"为特征的能源和原材料工业,然而,西部地区生态环境脆弱,这种发展模式显然是不可持续的。循环经济是以最小的资源代价发展经济、以最小的经济成本保护环境的一种发展模式,是西部地区矿产资源产业在资源环境保护要求下生产组织形式的必然选择和地区产业结构调整的有效途径。

西部地区在矿产资源产业发展循环经济的具体做法就是建立依托核心企业,带动相关上下游产业加入产业链,以生态工业园为载体的资源型产业集群。其中,有四个要点要注意:首先要依托大的核心企业,产业才能规模化,才有吸引力;其次,产业链上的各企业之间要建立紧密的技术经济联系,要在技术、市场、信息等方面密切合作,保障各方的受益,所形成的产业链才能稳定;第三,产业链各企业要在集群内外建立知识网络,不断创新,为产业集群的创新发展提供保障;第四,要从生态工业角度,做好园区规划。

第五节 西部地区矿产资源产业生态化发展的政策建议

西部地区资源产业政策的制定,要着力于产业动态发展能力的增强、产业发展环境的改善、企业及相关组织行为的调整,具有

---

① 包头稀土高新区主页,http://www.rev.cn/。

长期性和系统性。对西部地区矿产资源产业生态化发展的具体政策建议如下：

(1)积极推行区域创新政策,推动矿产资源产业技术进步,推动西部地区矿产资源产业在全球价值链中的升级。产业技术进步是矿产资源产业发展的动力,政府要制定鼓励企业技术创新的相关政策。区域创新政策指国家经济政策、国家科技政策和地区产业政策的结合。由于创新涉及从发明到产业化的技术、设计、生产、管理和销售各个环节,所以,能够影响创新的手段很多,如国家对矿产资源开发的关键技术开发进行补贴,推动钢铁可循环流程技术、煤(能源)化工产业技术创新、煤炭开发利用技术、深部稠油开采技术、矿业装备产业技术等产业技术创新联盟的构建；推行创新成果的奖励制度,并对创新技术产业化实行税收优惠政策；加强海外技术交流与合作,强化区域技术与创新转移转化机构的职能,建立全球化合作创新组织(Assis,2003)等。通过各种区域创新政策的推行,促进企业形成创新机制,积极开展创新活动,推动矿产资源产业的技术进步,增强西部地区矿产资源产业的竞争优势,推动西部地区矿产资源产业在全球价值链中的升级,增强西部地区矿产资源产业正强化作用机制,从而推动西部地区矿产资源产业的良性发展。

(2)进一步优化对外开放政策,完善市场机制,增强企业实力。对外开放是资源优化配置的前提,市场竞争是创新的关键(Cantner等,2005),西部地区矿产资源产业发展的核心机制是市场机制,通过市场机制作用的发挥来解决产业发展中的问题,使产业形成自组织发展机制。因此,可以根据西部地区的区域特点,在西南、西北边境城市有选择地建立一些保税区,扩大西部地区开放范围,制定较沿海更为优惠的政策,加强西部地区与其他

第六章 西部地区矿产资源产业演化与可持续发展之实例分析◎

国家的贸易往来和经济交流,使西部地区能更有效地参与国际分工与合作。并以此为契机,进一步深化政府和国企改革,增强政府管理部门服务意识、创新意识、依法行政意识,切实转换政府职能,做到政企真正分离;资源型国企要完善治理结构,建立市场导向的经营机制,增强创新意识、竞争意识、开放意识、可持续发展意识,提高组织学习能力,提升内部管理水平,增强资源型企业的综合实力和创新能力。

(3)推行以产业布局为重点的矿产资源产业政策,统筹规划西部地区矿产资源产业和城市协同发展。由于西部地区资源禀赋、分布及基础设施落后的特点,西部地区矿产资源产业发展要以产业布局政策为重点,要打破行政区划对西部地区矿产资源产业的锁定。在西部"十一五"规划中,提到了优化发展能源及化学工业、集约发展重要矿产资源开采及加工业,提高优势资源加工增值比重,并规划了重要能源及化工基地、优势矿产资源开采及加工基地,但整体规划还不够,要从资源分布、产业关联、现有基础等多方面考虑,进一步加强西部地区矿产资源产业的布局规划。此外,在对矿产资源产业进行规划的同时,还要统筹规划城市,统筹以循环经济为特征的矿产资源经济区的建设,优化矿产资源产业结构和产业组织,推动西部地区基础设施的整体发展,促进矿产资源产业和城市协同发展。

(4)进一步给予西部优惠的财政金融政策,改善投资环境,鼓励企业在西部投资。多样化是经济系统演化的前提,西部资源丰富,但其他要素禀赋不足,政府要着眼于改善投资环境,利用优惠政策吸引更多的各类企业到西部投资,增加企业数量,优化地区产业结构,以利于企业间的竞争与合作及要素在西部地区的聚集。具体来说,国家要加大交通、通信部门的投入,改善基础设施;要实施税收优惠政策,在地方税种的设置和税率的安排上,对西部地区给予特殊照顾;中央银行可以适当降低西部地区商业银行的存款准备金率和贴现率,以增加该地区的基础货币供给。另外,还可以借鉴国外经验,政府可为企业提供免费的管理咨询服务和孵化器服务,帮助小企业和创业者获得闲置或废弃的厂房,收购闲置的原工业用地以比较合理的低价格出售给新企业,以扶持创业企业的成长。

(5)实施转移支付政策,对矿产资源型企业技术升级或转型给予援助。沉淀成本是企业升级或转型的成本,直接影响企业技术升级和转型行为。西部地区作为资源基地,为国家经济、国防建设做出了巨大贡献,但同时面临资源环境和区域经济可持续发展等严峻形势,产业的转型与升级是必由之路。然而资源型企业的技术升级或转型过程中涉及技术投入、市场风险、职工安置、转行培训、社会保障、接替产业选择、环境整治等方面的问题,这些问题的解决单靠企业的力量是不够的,必须实施全方位、多层次转移支付政策,降低企业转型成本,提高企业技术升级或转型的收益,增强资源型企业技术升级或转型的动力,最终促进矿产资源产业的转型与升级。

(6)建立与完善矿产资源开发利用合作风险防范体系。在全球经济一体化背景下,西部地区矿产资源产业也被纳入到国际产业体系中。由于西部地区矿业企业规模较小,资本积累不足,国际化经营人才匮乏,对国际矿业经营惯例不熟悉,海外经营能力相对薄弱,往往采取合作形式参与国际国内市场活动。然而合作实质上是一种契约关系,特别是与国外企业合作,由于不同国家之间政策、法律、文化等方面的差异,因而存在明显的信息不对称,在合作过程中存在一些风险。风险防范的主体虽是企业,但

第六章 西部地区矿产资源产业演化与可持续发展之实例分析◎

是企业在对外合作中失败都会对我国经济造成损失,因此,对于资源型企业的对外合作的风险防范应该提到战略的高度,形成政府、社会、企业三位一体的风险防范体系。政府应从国家安全战略的角度出发,制定相应的矿产资源保护、矿产资源贸易的政策,西部地区矿产资源开发利用规划和国外矿产资源开发投资的政策与信息服务;要求社会中介组织(如开展矿产资源国际合作研究的机构、矿产资源国际合作协会等)认真研究国际矿业发展状况,为政府政策制定提供依据,为企业国际合作提供咨询和援助,开展行业协调和自律,避免内部恶性竞争;同时要求企业内部建立国际合作风险管理程序,科学决策,规范操作。

第七章　总结与展望

第一节　主要研究工作和结论

一、主要研究工作

矿产资源产业是国民经济的基础产业,也是国民经济的重要组成部分,在社会经济中有重要的地位和作用。依托丰富的矿产资源,我国已经形成了以采掘业和初级加工业为主的矿产资源产业,对我国经济和社会发展起着举足轻重的作用。然而,我国矿产资源产业存在一系列问题,如矿产资源储备不足、矿产资源浪费严重、环境破坏严重、对区域经济长远发展的贡献不足,严重影响我国可持续发展战略的实现。在这种背景下,研究矿产资源产业如何在保障国民经济建设需要的同时,保护资源环境,促进区域经济的长远发展,具有重要的现实意义。

本书借鉴演化经济学、进化生态学、系统科学、产业经济学、发展经济学、区域经济学等相关学科成果的基础,把矿产资源产业界定为一个由一系列相互关联的、进行资源勘探、开采、冶炼及再利用活动的企业群体组成的复杂经济系统。结合我国矿产资源产业发展的实际情况,采用实证分析与规范分析相结合、定性研究与定量分析相结合及比较分析的方法,在以下六个方面展开研究:

(1)界定矿产资源产业系统的范畴及特征。主要对矿产资源产业进行了界定,对矿产资源产业系统的结构与功能进行分析,并分析了矿产资源产业系统的特征。

(2)系统阐述矿产资源产业演化的理论基础。重点对产业演化理论进行了述评,此外,对资源环境经济学、可持续发展理论、区域经济学等相关理论进行了述评,并阐述了这些理论在矿产资源产业演化研究中的应用。

(3)分析矿产资源产业演化动力机制。分析了矿产资源产业演化的内外影响因素,并通过哈肯模型论证了我国矿产资源产业系统内部关键因素是科技创新,通过 DEMATEL 结构模型解析方法论证了我国矿产资源产业系统外部关键因素是相关政策,并进一步分析了科技创新、相关政策对矿产资源产业演化的作用机制,在此基础上,构建了矿产资源产业演化动力机制的图形模型。

(4)论证矿产资源产业演化的路径。首先对传统矿产资源产业生命周期理论进行了分析,在此基础上论证了技术创新下矿产资源产业的可持续性,并以产业技术空间距离这一概念对一定技术条件下矿产资源产业发展的四个阶段特征进行分析。此外,对矿产资源产业路径的选择机制进行了分析,并提出了我国矿产资源产业演化的几种路径。

(5)阐述矿产资源产业可持续发展模式及实现机制。论述了建立以技术创新为基础、以循环经济为形式,与生产服务业、高技术制造业联动发展的产业集群是矿产资源产业可持续发展的模式,并对矿产资源产业可持续发展的机制进行了分析。

(6)以西部地区矿产资源产业为例进行实例分析。通过搜集的统计数据,分析了西部地区矿产资源产业演化特征,论述了西部欠发达地区矿产资源产业发展类型属于比较典型的政策驱动型发展;分析西部地区矿产资源产业现状存在的问题;并提出了西部矿产资源产业发展的路径选择及相关的政策建议。

二、研究的主要结论

(1)矿产资源产业是由相互作用的经济元组成的复杂经济系统。矿产资源产业作为复杂经济系统,由各种行为主体构成,各行为主体通过竞争与合作,使矿产资源产业由无序走向有序,由低级有序走向高级有序,体现为矿产资源产业组织结构、产业规模、产业技术结构、产品结构的优化与升级,因此,自组织机制是矿产资源产业持续发展的内在机制。在矿产资源产业的发展过程中,要始终把握产业自组织机制的核心地位。

(2)矿产资源产业演化受产业系统内外因素的影响,内部因素包括资源储备水平、产业技术水平、产业人力资源水平、产业生产水平、产业议价能力等,外部因素包括相关政策、政府行为、融资环境、科学技术进步、市场需求、对外开放、基础设施水平、生态环境、公众意识等。其中,矿产资源产业系统内部关键因素是产业技术创新,是推动产业发展的序变量;产业系统外部关键因素是相关政策。矿产资源产业发展是在资源环境约束下产业技术进步与制度变革协同演进的过程。产业技术创新、制度创新与组织创新相互交织导致产业组织结构变迁,并显示出显著的阶段性,体现了矿产资源产业对相关产业、关键产业技术、相应的制度及相关组织依赖的动态性。

(3)矿产资源产业是可持续发展的。资源耗竭论忽视了技术进步的作用,矿产资源是一个技术、经济概念,通过产业技术创新,可以提高传统矿产资源的开发寿命,更重要的是可以发现非传统矿产资源,即尚未进行工业利用的资源,尚未发现其用途的

第七章 总结与展望

潜在资源或虽为传统矿产但因地理原因极难发现的矿产。因此，矿产资源产业只要建立内在的产业创新系统，不断发展产业相关技术，整个产业是可以不断升级、可持续发展的。

（4）矿产资源产业系统的演化遵循 Logistic 规律，其发展轨迹呈"S"形曲线。矿产资源产业的演化是在外界环境的影响下，产业系统的微观主体适应性行为及企业间互动行为的结果，其发展受利益驱动机制和生态平衡机制的作用。政府在产业演化过程中，要通过各种政策调整利益驱动机制和生态平衡机制的关系以引导企业行为，特别是企业的技术创新行为、资源环境保护行为，以保持产业系统的协调持续发展。

（5）矿产资源产业发展的理想模式是建立以技术创新为基础、以循环经济为形式，与生产服务业、高技术制造业联动发展的产业集群。这样的产业集群具有几个基本特征：一是以资源环境保护为目的，解决矿产资源产业发展的资源环境约束；二是以技术创新为基础，才能解决矿产资源开发利用过程中的难题，并提高产品的附加值；三是与高技术制造业联动发展，才能更好把握市场需求的变化趋势。应努力做到以提高矿产资源综合利用率和减少环境破坏为目的，以终端市场需求为导向，立足提升产品附加值，不断在维持和扩大生产能力的同时提高产业效率，保护资源和环境。

（6）矿产资源产业可持续发展需要建立相应机制。从矿产资源产业系统演化规律出发，矿产资源产业可持续发展需要从产业系统内部、内外交互作用两个方面构建可持续发展机制。在产业系统内部要建立产业绿色技术的形成机制、产业共生机制；在产业系统内外交互作用方面要建立矿产资源产业与生产服务业、高技术制造业的联动机制和政府作用机制。绿色技术是矿产资源产业可持续发展的技术基础;产业共生机制是解决资源环境问题的合作机制;与生产服务业和高技术制造业的联动机制是矿产资源产业系统获得外部物资、技术、信息资源的必要途径;政府作用机制用于弥补矿产资源产业系统自组织发展过程中的市场失灵。

(7)西部地区矿产资源产业有其不同的演化机制和演化路径。西部地区资源丰富、生态环境恶劣,属于欠发达地区,这些自然、社会、经济条件对其矿产资源产业的演化有重要的影响。在演化动力机制上,一方面受产业技术进步的影响,另一方面,受到政策的影响,属于典型的政策驱动型产业。在演化路径上,由于国家的西部大开发战略,产业规模迅速扩大,并使建立技术创新型产业集群成为可能。西部地区矿产资源产业粗放式发展导致资源耗竭、环境恶化,且西部地区有落入"资源陷阱"的趋势,必须调整产业发展目标,将矿产资源产业定位在保障国家经济建设资源安全供应的基础上,保护资源环境,促进西部地区社会经济协调发展。然而由于市场机制的不完善、科技水平不高等外部环境的制约,西部地区矿产资源产业在努力培育矿产资源产业技术创新系统的同时,在相当长时期内政府还要发挥作用,制定相关的资源环境政策、技术创新政策、投入政策,着力于产业动态发展能力的增强、产业发展环境的改善、企业及相关组织行为的调整,并且具有长期性和系统性。

第二节　主要创新点及不足

一、主要创新点

(1)综合运用了产业演化理论、演化经济学、制度经济学、区域经济发展理论和系统科学原理,多学科的交叉,比现有文献更能准确地认识矿产资源产业演化的动力机制、演化路径与发展方向。

(2)采用系统结构模型化方法——DEMATEL方法对我国矿产资源产业系统的外部因素进行分析,寻找影响我国矿产资源产业发展的外部关键因素,可以更科学地确定我国矿产资源产业系统演化的调节变量。

(3)采用协同学的哈肯模型,对矿产资源产业系统内部子系统之间的关系进行分析,实证分析了我国矿产资源产业演化的序参量是科技创新,表明我国矿产资源产业系统演化的关键因子是产业技术创新与进步。

(4)建立我国矿产资源产业系统演化的动力学模型,以系统描述我国矿产资源产业系统内外因子间的作用机制。

(5)建立区域矿产资源产业演化过程模型,揭示矿产资源产业的可持续性、演化周期、方向及路径选择机制,进一步完善了产业生命周期理论。

(6)系统论证了矿产资源产业可持续发展的机制。在矿产资源产业演化动力机制及高级矿产资源产业集群特征研究的基础上,从产业系统内部、内外交互作用两个方面构建矿产资源产业可持续发展机制。

二、研究的不足与展望

本书虽然以多学科交叉来研究矿产资源产业演化的基本规律,但在研究视角和研究方法等方面还存在一些不足:

(1)数据不足。由于产业演化研究需要较长时期的数据,但由于经费和时间的限制,在研究中没能搜集更长时期的数据,一定程度上影响了研究结论的说服力。

（2）矿产资源产业演化的动力模型与过程模型未能统一。构建矿产资源产业演化模型是本书的一个基本目标，在书中分别论证了矿产资源产业演化的动力模型和演化过程模型，若能将二者统一起来，则模型对矿产资源产业经济的决策支持作用会更大些。

（3）对矿产资源产业演化阶段划分的标准及产业升级的时机判断还需作进一步研究。矿产资源产业在产业技术推动下阶段性发展，并通过不断升级实现可持续发展，但这只是定性的研究，还需要在产业演化阶段划分和产业升级时机评价方面作进一步研究，探寻可操作性的评价指标和方法。

（4）本书对矿产资源型企业行为的微观机制作了一些分析，但对矿产资源型企业技术创新行为、各类型政策反应机制等还需要进一步开展实证研究。

总之，由于时间和水平的有限，本书中确实存在一些不足，希望各位专家、学者给予帮助和指正。

参考文献

阿尔弗雷德·马歇尔.经济学原理[M].廉运杰,译.北京:华夏出版社,2005.

包庆德,邱滟霞.绿色科技:生态时代的规范与学界研究的进展[J].科学学研究,2006(S2):448-453.

曹芳,杨宁宁.产业演进中企业技术创新的路径选择——以信息产业为例[J].工业技术经济,2007,1(26):59-63.

陈林,曹树刚.矿产资源综合开发利用评价的博弈及最优化分析[J].矿业快报,2005(11):34-36.

陈艳莹,叶良柱.产业演进阶段识别方法研究述评[J].经济研究导刊,2009(5):44-47.

陈振,严良,谢雄标.资源型产业集群演化的外部环境因素分析[J].中国人口·资源与环境,2011(4):153-157.

成金华.市场经济与我国资源产业的发展[M].武汉:中国地质大学出版,1997.

程宏伟,刘丽,张永海.资源产业链演化机制研究[J].成都理工大学学报(社会科学版),2008(2):34-38.

程胜.基于Logistic模型产业集群演化稳定性研究[J].西北农林科技大学学报(社会科学版)2007(3):35-41.

邓光君,李昱岩,张于吉.从动态比较优势看我国矿产资源产业政策选择[J].技术经济与管理,2004(17):27-29.

丁菊红,邓可斌.政府干预、自然资源与经济增长:基于中国地区层面的研究[J].中国工业经济,2007(7):56-64.

董武斌,白俊.峨口铁矿矿产资源综合利用生产实践[J].露天采矿技术,2007(2):67-69.

都沁军.矿产资源可持续开发利用的系统学思考[J].国土与自然资源研究,2001(3):1-2.

都沁军.矿产资源可持续开发利用系统构建与优化[J].地质技术经济管理,1999(5):97-102.

范从来,袁静.成长性、成熟性和衰退性产业上市公司并购绩效的实证分析[J].中国工业经济,2002(8):65-72.

方敏,刘玉霞.我国矿产资源综合利用潜力分析与对策建议[J].中国国土资源经济,2004(17):6-8

高峰,张建.资源型城市接续主导产业的选择研究[J].资源产业,2003(6):102-104.

戈银庆.中国中部资源型城市反锁定安排与接续产业发展[J].兰州大学学报(社会科学版),2004(1):120-123.

古松,刘占霞.我国电信业务"十五"发展状况及趋势分析[J].电信科学,2006(6):70-73

关凤峻.矿产资源综合开发利用的评价方法[J].资源开发与市场,1999(3):138-141.

关凤峻.我国矿业经济的可持续发展之路[J].煤炭经济研究,1999(1):5-6.

郭颖,胡山鹰,陈定江.资源型产业系统演化分析——以黄磷产业系统演化为例[J].现代化工,2008(3):79-85.

国土资源部西部开发办调研组(2002).西部国土资源开发利用战略问题调研总报告[J].国土资源通讯,2002(7):36-40.

国家统计局.中国工业经济统计年鉴(2001—2012)[M].北京:中国统计出版社,2001—2012.

国家统计局.中国统计年鉴(1994—2012)[M].北京:中国统计出版社,1994—2012.

国家统计局,科学技术部.中国科技统计年鉴(2001—2012)[M].北京:中国统计出版社,2001-2012.

国家统计局.中国第三产业统计年鉴(2001—2012)[M].北京:中国统计出版社,2001-2012.

韩文科,高世宪,朱兴珊,等.西部可持续发展的能源战略[J].经济参考研究,2003(50):2-12.

胡小平.21世纪中国矿产资源产业的定位与政策目标[J].中国地质矿产经济,2002(11):17-20.

胡晓鹏.产业共生理论界定及其内在机理[J].中国工业经济,2008(9):118-128.

胡援成,肖德勇.经济发展门槛与自然资源诅咒——基于我国省际层面的面板数据实证研究[J].管理世界,2007(4):15-23.

黄凯南.企业和产业共同演化理论研究[D].济南:山东大学,2007.

贾根良.演化经济学[M].太原:山西人民出版社,2004.

贾若祥,刘毅.中国区域可持续发展状态及类型划分[J].地理研究,2003(5):609-616.

江源.矿产资源型城市产业结构调整实证研究——以铜陵市为例[J].经济问题,2012(11):28-32.

靳明.绿色农业产业成长研究[D].西安:西北农林科技大学,2006.

靖继鹏,王欣,薛雯.信息产业系统演化机理研究[J].情报杂志,2008(5):142-145.

康胜.产业群系统优势的主导因素及其历史演化[J].系统科学学报,2006(3):103-108.

孔祥智,胡迎春.西部地区矿产业发展的优势、重点和对策[J].理论研究,2003(4):5-9.

李国蓉,王震声.资源型矿区可持续发展系统的协调性分析[J].资源开发与市场,2004(6):409-410.

李华林,陈文颖,吴宗鑫.西部可持续能源开发利用模型解读[J].中国软科学,2007(3):69-75.

李金昌,仲志伟.资源产业论[M].北京:中国环境科学出版社,1990.

李俊莉.资源产业演进的自组织解释[D].长春:吉林大学,2006.

李士勇,田新华.非线性科学与复杂性科学[M].哈尔滨:哈尔滨工业大学出版社,2006.

李伟,张克军.市场化改革与资源型地区的产业转型[J].生产力研究,2006(8):173-176.

李学全,李松仁,尹蒂.矿产资源综合开发利用评价的多目标决策灰色关联度方法[J].矿产综合利用,1996(2):39-43.

李燕群,贾瑞强.循环经济在矿业中的运用[J].矿业快报,2006(11):5-8.

李毅,李祥仪.矿业地区REES系统可持续发展指标体系的建立[J].矿物岩石地球化学通报,2000(3):200-203.

李勇.区域产业耦合机制研究[J].商业经济,2010(9):31-34.

厉无畏,王慧敏.产业发展的趋势研判与理性思考[J].中国工业经济,2002(4):5-11.

林南(美).社会资本:关于社会结构与行动的理论[M].张磊,译.上海:上海人民出版社,2005.

林依标,李祖阳.1+1>2的矿产资源整合模式——一种效益和利益最大化的视角[J].中国国土资源经济,2007(4):4-6.

刘兵,曾大本,苏竣.我国镁产业发展过程中的技术变迁与作用分析[J].中国科技产业,2007(4):58-64.

刘恒江,陈继详.要素、动力机制与竞争优势:产业集群的发展逻辑[J].中国软科学,2005(2):125-130.

刘婷,曹原.中国能源行业机会展望:能源产业发展需要国际化[N].商业周刊,2006-6-30.

刘玉劲,陈凡,邢怀滨.我国资源型城市产业转型的分析框架[J].东北大学学报(社会科学版),2004(3):184-187.

刘玥,聂锐.基于网络的跨区域产业联动动力机制分析[J].能源技术与管理,2007(5):40-43.

陆国庆.论产业演进的系统动力机理[J].江汉论坛,2002(4):15-18.

陆瑾.产业组织演化研究[D].上海:复旦大学,2005.

吕贻峰,李华宇.矿产资源可持续利用途径探讨[J].矿产保护与利用,2001(3):1-3.

骆正山.矿产资源可持续开发评价指标体系的研究[J].金属矿山,2005(4):1-3.

马静.矿产资源的开发利用与环境保护[J].资源开发与市场,2003(3):151-153.

马克思.资本论[M].北京:人民出版社,1972.

马歇尔.经济学原理[M].朱志泰,陈良璧,译.北京:商务印书馆,1964.

苗东升.系统科学原理[M].北京:中国人民大学出版社,1990.

纳尔逊,温特.经济变迁的演化理论[M].北京:商务印书馆,1997.

纳尔逊.作为经济增长驱动力的技术与制度的协同演化[M]//霍奇斯,梅特卡夫,贾根良,刘刚.演化经济学前沿:竞争、自组织与创新政策.北京:高等教育出版社,2005

牛建英.关于西部资源产业发展模式的探讨[J].资源与产业,2006(1):52-54.

钱勇,赵静.促进资源型城市产业转型的税收政策[J].辽宁工程技术大学学报(社科版),2004(5):487-489.

钱勇.国外资源型城市产业转型的实践、理论与启示[J].财经问题研究,2005(12):24-29.

秦志宏,郭晓川.包头市稀土产业的成长模式研究[J].稀土,2004(3):1-7.

任厚毅,吴秀芳.微生物采油技术发展综述[J].中国石化,2008(10):36-38.

芮明杰,巫景飞,何大军.MP3技术与美国音乐产业演化[J].中国工业经济,2005(2):110-117.

芮明杰,郁义鸿,任江波.论产业链的整合[M].上海:复旦大学出版社,2006.

邵帅,齐中英.西部地区的能源开发与经济增长——基于"资源诅咒"假说的实证分析[J].经济研究,2008(4):147-160.

沈镭,魏秀鸿.区域矿产资源开发概论[M].北京:气象出版社,1998.

盛昭瀚,高洁.基于 NW 模型的新熊彼特式产业动态演化模型[J].管理科学学报,2007(1):1-8.

寿嘉华.走绿色矿业之路——中部大开发矿产资源发展战略研究[J].中国地质,2000(12):2-6.

宋光兴,钱鑫,刘怀.基于熵技术的矿产资源综合开发利用评价方法研究[J].中国矿业,2000(3):26-29.

隋广军,万俊毅,苏启林.区域产业生成的动力因素[J].广东社会科学,2004(1):51-55.

田立新,徐俊,孙梅.自适应控制参数不同的能源系统的混沌同步[J].江苏大学学报(自然科学版),2007(4):358-361.

万迪昉,王宇光,朱伟民.西部产业创新发展及重组的初步研究[J].西安交通大学学报(社科版),2001(1):1-6.

汪向阳.西部矿产资源开发的可持续发展研究[J].西安电子科技大学学报(社会科学版),2003(6):14-19.

王安建,王高尚.矿产资源与国家经济发展[M].北京:地震出版社,2002.

王军,马颖,王斌.资源型城市接续主导产业选择的思考[J].学习月刊,2007(3):24-26.

王开盛,杜跃平.资源型城市发展接续产业的影响因素分析[J].企业研究,2013(2):74-77.

王坤.基于"钻石体系"的资源型产业集群成长的分析[J].北方经济,2006(7):51-53.

王犁.政府科技投入与经济增长因果关系的再检验[J].广西财经学院学报,2009(4):86-90.

王维刚.中国医药产业成长特征与机理研究[D].上海:同济大学,2007.

王炜瀚.石油产业链战略环节的演进对我国石油战略的启示[J].国际贸易,2008(8):54-58.

王震声.资源型矿区产业链延伸与矿区可持续发展[J].徐州工程学院学报,2006(5):40-43.

王志宏,肖兴田.矿产资源开发对环境破坏和污染现状分析[J].辽宁工程技术大学学报(自然科学版),2001(3):369-372.

王志宏,许可.基于耗散结构的资源型产业链演进机制研究[J].技术经济,2006(12):11-21.

王子龙.中国装备制造业系统演化与评价研究[D].南京:南京航空航天大学,2007.

韦伯.工业区位论[M].北京:商务印书馆,1997.

韦行.拓展钢材深加工是构建我国钢铁产业链的方向[J].上海金属,2010(1):61.

魏晓平,李昆.异质性市场结构下的能源开采次序优化研究[J].能源技术与管理,2007(5):1-4.

席旭东.煤炭矿区生态经济系统中生态产业链结构与功能分析[J].煤炭经济研究,2006(1):23-25.

夏青,梁钰.西部矿产资源开发的复杂性及协调发展研究[J].中国地质矿产经济,2003(5):11-12.

向吉英.产业成长的动力机制与产业成长模式[J].学术论坛,2005(7):49-53.

向吉英.产业成长及其阶段特征——基于S型曲线的分析[J].学术论坛,2007(5):83-87.

肖忠东,顾元勋,孙林岩.工业产业共生体系理论研究[J].科技进步与对策,2009(17):46-48.

谢雄标,程胜,严良.矿产资源产业演化机制研究[J].科技管理研究,2013(23):112-116.

谢雄标,严良,罗斌.矿产资源产业可持续发展模式及机制分析[J].科技管理研究,2011(22):108-112.

谢雄标,严良.产业演化研究述评[J].中国地质大学学报(社会科学版),2009(6):97-103.

谢雄标,严良.西部矿产资源产业的现状、问题及升级路径选择[J].中国矿业,2011(11):17-20.

谢雄标,严良.西部矿产资源开发国际合作模式研究[J].中国科技论坛,2008(2):53-57.

谢雄标,严良.西部资源产业演化过程分析及政策建议[J].能源技术与管理,2007(5):44-48.

谢雄标,严良.资源型企业资源环境行为分析及政策建议[J].中国人口资源环境,2008(1):207-211.

熊彼特.经济发展理论[M].北京:商务出版社,1990.

徐康宁,王剑.自然资源丰裕度与经济发展水平关系的研究[J].经济研究,2006(1):78-89.

亚当·斯密.国富论[M].唐日松,译.北京:华夏出版社,2005.

严良,洪文志.西部资源产业可持续发展浅析[J].管理学报,2008(5):692-696.

杨昌明,洪水峰.焦点问题法——建立矿产资源可持续发展指标体系方法探讨[J].地球科学——中国地质大学学报,2001(3):213-216.

叶金国,等.产业系统的演化模型与实证分析[J].河北经贸大学学报,2004(5):59-63.

殷俐娟.2007西部地区矿产资源产业结构现状及调整思路[J].中国矿业,2007(7):18-20.

尹红炜,孟宪忠.资源型城市产业转型中接续产业选择问题分析[J].工业工程与管理,2006(4):118-122.

余敬,姚书振.矿产资源可持续力及其系统构建[J].地球科学——中国地质大学学报,2002(1):85-88.

战彦领.煤炭产业链演化机理与整合路径研究[D].徐州:中国矿业大学,2009.

张殿发.西部矿业开发应对WTO挑战的研究[J].经济地理,2003(1):28-32.

张复明,景普秋.资源型经济的形成:自强机制与个案研究[J].中国社会科学,2008(5):117-130.

张复明,景普秋.资源型区域中心城市的产业演进与城市化发展——以太原市为例[J].中国人口、资源与环境,2007(2):121-126.

张复明.资源型区域面临的发展难题及其破解思路[J].中国软科学,2011(6):1-9.

张雷.能源生态系统发育——兼论中部能源资源开发[J].自然资源学报,2006(2):188-195.

张雷.中国矿产资源持续开发与区域开发战略调整[J].自然资源学报,2002(2):162-167.

张莉.矿产资源综合利用的宏观经济政策研究[D].太原:太原理工大学,2003.

张倩男.科技创新诱发产业竞争优势提升的演化机制研究[D].武汉:武汉理工大学,2008.

张伟.资源环境约束下西部地区矿产资源型产业发展模式研究[J].改革与战略,2008(7):115-117.

张秀生,盛见."比较优势陷阱"与中部地区经济增长[J].经济管理,2008(7):89-92.

张耀辉,牛卫平.需求诱导、技术独立与产业环境——中国短信产业透视[J].中国工业经济,2007(4):111-118.

张永凯.西北资源型城市产业转型模式分析[J].资源开发与市场,2012(4):328-331,361.

赵海东.资源型产业集群实现循环经济发展模式的路径选择——以内蒙古自治区为例[J].广播电视大学学报,2007(2):87-91.

赵海东.资源型产业集群与中国西部经济发展研究[M].北京:经济科学出版社,2007.

赵玉林,魏芳.高技术产业系统形成和演化机制研究[J].商业时代,2007(26):92-93.

周敏,杨晓平.我国能源产业系统演化过程的实证分析[J].统计与决策,2009(5):85-87.

周中枢.发挥中央企业优势,有效开发国内外资源[J].求是,2007(14):46-48.

朱训.论矿业与可持续发展[J].中国矿业,2000(1):1-6.

朱永达,张涛,等.区域产业系统的演化机制和优化机制[J].管理科学学报,2001(4):73-78.

朱媛媛.矿业外部不经济性分析与可持续发展对策[J].资源与产业,2012(10):176-181.

邹光富,毛英.中国西部地区矿产资源开发与环境保护[J].地球科学进展,2004(6):444-448.

作者不详.解读《有色金属产业调整和振兴规划》之铜铝锌[J].资源再生,2009(5):44-45.

资料来源:根据文献[191]整理.

资料来源:根据[192]整理.

Abernathy W J, Utterback J M. Patterns of industrial innovation[J]. Technology Review,1978(8):40-47.

Adisa A. Developing a framework for sustainable development indicators for the mining and minerals industry[J]. Journal of Cleaner Production,2004(12):639-662.

Ahmed A, Christian B. Environmental risk assessment of anthropogenic activity in the deep-sea[J]. Journal of Aquatic Ecosystem Stress and

参考文献

Recovery,2000(10),4(7):299-315.

Allen L C,Jennifer C C. The new reality of mineral development: social and cultural issues in Asia and Pacific nations[J]. Resources Policy,1999(9),25(3):189-196.

Amankwah R K, Anim-Sackey C, Benjamin N A, et al. Strategies for sustainable development of the small-scale gold and diamond mining industry of Ghana[J]. Resources Policy,2003(29):131-138.

Arno B,Stefan G,Jan K,et al. The material basis of the global economy, worldwide patterns of natural resource extraction and their implications for sustainable resource use policies[J]. Ecological Economics,2007(64):444-453.

Audretsch D,Feldman M. R&D Spillovers and the Geography of Innovation and Production[J]. The American Economic Review,1996(3):630-640.

Auty R M. Sustaining development in mineral economies: The resource curse thesis[M]. London:Routledge,1993.

Baptista R,Swarm P. Do firms in clusters innovate more? [J]. Research Policy,1998(27):525-540.

Bowles R T. Single-industry resource communities in Canada's north in david A[A]. HAY and Gurcharan S. Basran Rural Sociology in Canada[C]. oronto:Oxford University Press,1992:63-83.

Bradbury J H,Martin I St. Winding down a quebec mining town:a case study of schefferville[J]. Canadian Geographer,2002,2(2):128-144.

Bradbury J H. Living with boom and cycles: new towns on the resource frontier in Canada[A]. Resource Communities[C]. CSIRO,Australia,1988:3-19.

Brian J L. Time,knowledge and evolutionary dynamics: why connections matter[J] . Journal of Evolutionary Economics, Springer, 2001, 11 (4):393-412.

Chapman K. Industry evolution and international dispersal: the fertilizer industry[J]. Geoforum, 2000(31):371-384.

Damjan Krajnc, Peter Glavic. A model for integrated assessment of sustainable development[J]. Resources, Conservation and Recycling, 2005(43):189-208.

David Paul A, Wright Gavin. Increasing returns and the genesis of American resource abundance, industrial and corporate change[M]. Oxford University Press, 1997.

David Paul A. Why are institutions the "carriers of history"? Path dependence and the evolution of conventions, organizations and institutions[J]. Structural Change and Economic Dynamics, 1994, 5(2): 205-220.

De Ferranti, David M. From natural resources to the knowledge economy: trade and job quality[M]. Washington DC: World Bank, 2002.

Folster T. Industry evolution and R&D externalities[J]. Journal of Economic Dynamics and control, 1997(21):1 727-1 746.

Gavin W, Jesse C. Mineral resources and economic development[R]. The Conference on Sector Reform in Latin America, 2003(11).

Gort M, Klepper S. Time paths in the diffusion of product innovation[J]. The Economic Journal, 1982(92):630-653.

Haveman H A, Rao H. Structuring a theory of moral sentiments: institutional and organizational coevolution in the early thrift industry[J]. American Journal of sociology, 1997, 102(6):1 606-1 651.

Hayek F A. The use of knowledge in society[J]. American Economic Review, 1945(4):519-530.

Hilson G M. Improving environmental: economic and ethical performance in the mining industry[J]. Journal of Cleaner Production,2006(14):225-226.

Hilson G M. Introduction to this special issue,improving environmental: economic and ethical performance in the mining industry'. part 1: environmental management and sustainable development[J]. Journal of Cleaner Production,2006(14):225-226.

Jose A B A. External linkages and technological innovation:(scme)topical issues[J]. International Journal of Entrepreneurship and Innovation Management(IJEIM),2003(3).

Kahneman D,Frederick S. Representativeness revisited: attribute substitution in intuitive judgment. In: Gilovich T,Griffin D,Kahneman D. Heuristics and biases: the psychology of intuitive judgment[M]. Cambridge: Cambridge University Press,2002.

Kahneman,Daniel,Amos Tversky. Prospect theory: an analysis of decision under risk[J]. Econometrica,1979(47):263-291.

Klepper S,Graddy E. The evolution of new industries and the determinants of market structure[J]. RAND Journal of Economics,1990,21(1):27-44.

Klepper S. Entry,exit,growth,and innovation over the product life cycle[J]. American Economic Review,1996,86(3):562-583.

Krugman. Increasing returns and economic geography[M]. Chicagao: University of Chicagao Press,1991.

Krugman. Increasing returns,monopolistic competition,and international trade[J]. Journal of International Economics,1979.

Larsen S C. Place identity in a resource-dependent area of northern British Columbia[J]. Annals of the Association of American Geographers,2004,94(4):944-960.

M A von Below. Sustainable mining development hampered by low mineral prices[J]. Resources Policy,1993(9),19(3):177-181.

Martin R, Sunley P. Deconstructing cluster: chaotic concept or policy panacea[J]. Journal of Economic Geography,2003(3):5-35 .

Mascarenhas B. Intenational industry evolution patterns[J]. International Business Review,1995(4):133-246.

Mezias S J, Kuperman J C. The community dynamics of entrepreneurship: the birth of the American film industry,1 859-1 929[J]. Journal of Business Venturing,2000,(16):209-233.

Mikesell R F. Viewpoint: Sustainable development and mineral resources [J]. Resources Policy,1994(7),20(2):83-86.

Murmann J P, Homburg E. ComParing evolutionary dynamics across different national settings: the case of synthetic dye industry ,1 857-1 914[J]. Journal of Evolutionary Economics,2011(11):177-205.

Murmann J P. Knowledge and competitive advantage: the coevolution of firms, technology, and national institutions[M]. Cambridge: Cambridge University Press ,2003.

Nelson R R, SamPat B N. Making sense of institutions as a factor shaping economic performance[J]. Journal of Economic Behavior & Organization,2001(44):31-54.

Nelson R R. On the uneven evolution of human know-how[J]. Research Policy,2003(32):909-922.

Pelikan P. Bringing institutions into evolutionary economics: another view with links to changes in physical and social technologies[J]. Journal of Evolutionary Economics,2003(13):237-258.

Pelikan R. Bringing institutions into evolutionary economics: another view with Links to changes in Physical and social technologies[J]. Journal of Evolutionary Economics,2003(13):237-258.

Robert S P, Daniel L R. Microeconomics[M]. 北京:中国人民大学出版

社,1996.

Rosenstein Rodan P. Notes on the theory of the "Big Push", in H. S. Eillis, H. C. Wallich (eds), economic development for latin America [M]. New York:St. Martin's Press,1961.

Rupert J B. Critical perspectives of sustainable development research and practice[J]. Journal of Cleaner Production,2011(19):783-786.

Scott A J, Storper M. Regional development reconsidered[A] // Regional development and contemporary industrial response: extending flexible specialization[C]. ed H. Ernste and V. Meier. London:Belhaven, 1992:1-24.

Stefan G, Friedrich H, Christian L, et al. Modelling scenarios towards a sustainable use of natural resources in Europe[J]. Environmental Science & Policy,2008(5):204-216.

Teodoro M S, May L Z. Mineral resources accounting: a technique for monitoring the Philippine mining industry sustainable development [J]. Journal of Anon Earth Sciences,1997(15):155-160.

Thorvaldur G. Natural resources and economic growth: what is the connection? [M]. CESifo Working Paper Series 530, CESifo Group Munich,2001.

Volberda H W, Lewin A Y. Co-evolutionary dynamics within and between firms:from evolution to co-evolution[J]. Journal of Management Studies,2003(40):8.

Wellmer F W, Becker-Plate J D. Sustainable development and the exploitation of mineral and energy resources: a review[J]. Int J Earth Sci (Geol Rundsch). 2002(91):723(R)C74.

◎ 区域矿产资源产业演化机理及可持续发展研究

后 记

本书是国家自然科学基金项目"西部矿产资源开发利用路径协调机理研究"(项目编号:70572016)后续研究成果,也是本人博士期间从事资源产业研究的一个总结。在书稿完成出版之时,我衷心对在研究和写作过程中给予我指导、支持、帮助的师长、朋友和学生表示感谢!

衷心感谢我的导师严良教授,正是在他的鼓励和指导下,我走上了资源环境经济与管理的研究道路。导师严谨求实的科研作风、踏实肯干的工作态度、积极乐观的生活态度都深深地影响着我,激励着我克服各种困难不断向前。

诚挚地感谢中国地质大学(武汉)经济管理学院的杨昌明教授、诸克军教授、杨树旺教授、汤尚颖教授、程胜副教授、帅传敏教授等,在研究过程中他们给予了很好的指导。

在本书撰写和数据更新过程中,学生郝祖涛、郑姿、李盼、张倩等协助进行了资料的搜集整理工作,在此一并致谢。

此外,感谢中国地质大学出版社编辑陈琪和她的同事,正是她们严谨、细致而高效的工作,使得本书得以顺利出版。

作 者

2013 年 10 月